THE BOOK OF PLEN…

Here Endeth the Lesson

完美结束一堂课的 35个好创意

让最后10分钟有趣且富有成效

[英] 菲尔·比德尔 Phil Beadle 著

中国青年出版社
CHINA YOUTH PRESS
中青文传媒

图书在版编目（CIP）数据

完美结束一堂课的35个好创意：让最后10分钟有趣且富有成效 /
（英）比德尔著；杨颖玥，张尧然译.
—北京：中国青年出版社，2014.6
书名原文：The book of plenary: here endeth the lesson
ISBN 978-7-5153-2516-3
Ⅰ.①完… Ⅱ.①比… ②杨… ③张… Ⅲ.①课堂教学—教学研究—中小学
Ⅳ.①G632.421
中国版本图书馆CIP数据核字（2014）第138764号

完美结束一堂课的35个好创意：
让最后10分钟有趣且富有成效

作　　者：［英］菲尔·比德尔
译　　者：杨颖玥　张尧然
策划编辑：龙彬彬
责任编辑：胡莉萍
美术编辑：李　甦
出　　版：中国青年出版社
发　　行：北京中青文文化传媒有限公司
电　　话：010-65511270/65516873
公司网址：www.cyb.com.cn
购书网址：zqwts.tmall.com　www.diyijie.com
制　　作：中青文制作中心
印　　刷：三河市文通印刷包装有限公司
版　　次：2014年8月第1版
印　　次：2014年8月第1次印刷
开　　本：787×1092　1/16
字　　数：100千字
印　　张：14
京权图字：01-2014-1637
书　　号：ISBN 978-7-5153-2516-3
定　　价：28.00元

谨以此书

献给琼·帕斯卡·坎帕斯，

献给我的家人和朋友

目录
CONTENTS

前言

INTRODUCTION

G. K. 切斯特顿曾经写道："我随时都可以针对最软弱的挑衅著书反驳。"可以说，你手里现在拿的这本非常有用的小书，也可以作为以同样罪名控诉作者的证据。

这本书就是在实验能否以某种方式从本来枯燥的教学中找到些许乐趣（这也可以作为评价好老师的一个标志），哪怕很可能其内在本质就是枯燥的。所以，我为自己设定了挑战目标：有没有可能花费几个月的时间与精力，从课堂结束活动的浅水洼里挖掘出一些有价值的成果，不但可以帮助你、帮助我们亲爱的同事改进教学实践，还可以让我们从中享受到乐趣。

写作这本薄薄的小册子之前，我参阅了几乎所有有关课堂结束活动的资料，并努力将它们改编为一系列切实可行而又生动有趣的方法。通过这本书，我告诉你们最好的技巧，施行这些策略的过程以及应该注意避免的事项，因为它们要么是愚蠢的（参考字谜游戏和单词搜索），要么就是事倍功半、只是对一些无意义事情的重复（同样可以参考字谜游戏和单词搜索）。但在进入具体实践的舞台之前，先让我们以更广阔的视角来俯瞰一下课堂结束活动的全景。

读完第一部分内容后，我希望你能够达到以下几个目标。

1. 清楚你的学生能从一项组织有序的课堂结束活动中得到哪些收益。

2. 反思教育标准办公室对课堂结束活动的看法，特别是他们会认为我们做得不够的地方。

3. 明确在策划课堂结束活动时，你要特别注意的几个方面（活动的目标、如何开始一次活动、活动的规模等），它们是好是坏。

4. 预见在参加课堂结束活动的过程中，学生可能会遇到哪些问题，他们应该怎样克服这些问题。

5. 将课堂结束活动加入你已经设计好的学习效果评估方

案中，使之成为方案的有机组成部分。

6. 把你对课堂结束活动的理解，与约翰·哈蒂的相关论述联系起来。

7. 在阅读专业文献时，能够比你的同事表现略好，或许你还会萌生一些个人观点，比如在认知领域中，泛域认知与专域认知是否相互对立排斥，这些知识或许现在对你没有什么实际用处，以后也未必有用，但是值得一看。

以上就是第一部分的要点。

从结构上来讲，本书从核心上对不同部分进行了区分（当然，这本小书的结构应该不算太复杂）。如读者希望的那样，本书的第一部分关于如何才能最有效地实施课堂结束活动，在第二部分“模拟课堂结束活动”中，我们提供了一些简单易行的方法，可能会对学生们有益。如果这两部分就满足了你的需求，我建议你不必劳神继续阅读，除非你有意努力去阅读、理解一些几乎可以称之为困难的材料，本书的下半部分并不太易懂。

有些读者天资颖慧，他们可能是教学活动专家、博客作者、继续教育组织者及助理，或者就是分管教学的副校长，对他们来说，尽管这本书不长，但如果它仅谈元认知活动，却对元认知理论闭口不提的话，实在也是种遗憾，本书的第三部分“元认知理论入门”简单介绍了这方面的内容，而第四部分“数字课堂结束活动”的内容又变得轻快起来，在我看来它们是非常有用的，这部分提及的很多创意点子，简单实用且容易操作。我曾说过，简单并不意味着我们就能看轻它们，因为简单很少会成为教学的敌人。在这个部分里，我试图将我阅读到的相关研究转换为实际策略，它们貌似花言巧语，却可能在你的教学生涯里，对学生们产生深远影响。

THE BOOK OF PLENARY

1

第一部分

课堂结束活动概述

An Overview of the Plenary

首先，我们要明确一下，“课堂结束活动”（plenary）这个单词一点都不性感，而又不幸拥有一个形近的色情单词，会让人想起感染发炎的penis（阴茎）：pleeenary，这多少有点令人不舒服。

“医生，它怎么了？”

“除了大小之外？好吧，我必须郑重地告诉你，你的课堂结束活动很正常，它一点也不讨厌。”

亲爱的同事们，说实话，这可能会成为你（或者我）不经常使用这个单词的一个原因。事实上，你可以理直气壮地辩护说，如果在学校给学生们分组，以检验各组的学习实践能力，并给不同的小组设定不同的目标，那么就会发现，课堂结束活动就静静地等在那里，像是一个广受欢迎的继子谨慎地站在一旁，又好像车库里被留下的最后一辆车，不由你喜欢不喜欢。

“plenary”这个单词还有更多的别扭之处，对于一位英国教师来说，它所蕴指的事件，对一个理智社会或者更广阔世界里的其他任何人都没有意义。对于习惯了不用坐班的人来说，课堂结束活动的意思就是在强迫代表们从休息室回到会场，或者把工作组集合到礼堂。在一次课堂结束活动的过程中，他们最可能做的，就是被强迫坐在某个座位上，去听一场迂腐乏味的“重要讲话”。

换一种场合，如果你是在一个教堂里，或许会认为这是权力的一种表现：教堂管理部门的权力可以规定大家下一步必须做什么。只有在英国的教师办公室里，我们听到这个词才会立即想到：“哦，我终于不用发愁每堂课的最后10分钟做什么了！”

关于这个名称的来源，我想，plenary是拉丁语名词“plenum（充满物质的空间）”的形容词，它并非确切地对应“充实、充满”之义，但多少带有这个意思。由此，当我们实施一项恰当的课堂结束活动时，其实就是在向学生们发出“充实、充满”的信号：这个单词的联想并不令人舒服，除非我们提醒自己，这是在帮助学生们走上夯实学习的道路。

课堂结束活动得到的关注如此之少，另一个原因是，要让学生对它萌生兴趣很难，不论你用多么激昂的语调提问："孩子们，你们今天都学到了些什么？"结果往往都是自讨无趣。

尽管如此，如果我们简要地分析学生们可能会从良好的课堂结束活动中得到哪些收获，而且承认我们都想尽力做名优秀教师，那么职业道德就会迫使我们慎重对待它们，并贡献出一部分想象力和思考力，用于课堂结束活动的计划、实施、管理或者其他方面。

良好课堂结束活动的意义

"老师，下课前这10分钟有什么意义呢，在这点时间里，我们就能理解你希望我们一节课学会的知识吗？"登齐尔说得对吗？这10分钟的意义是什么？课程似乎才刚刚变得顺利，为什么要下课？而且是在你感到最疲倦的时候，还要为下一节课做准备，这是多么残忍而困难重重的过渡啊！

换个说法，教学的意义在哪里？一节课从开始到结束都像是场灾难，孩子们总是乖戾难教。为什么要在你最疲倦的时候下课，然后艰难地过渡到另一节课的开始呢？

再细想一下，我们克服种种困难，设计一系列有趣的活动，学生们却记不住你在课堂上所讲的任何知识，意义何在？你可能刚刚带领他们做了一些好玩的涂色游戏，可有什么用？你们艰难地走过85%的过程，却将最后15%扔进垃圾桶，意义何在？你辛辛苦苦地引导学生们思考学习内容，却在他们巩固知识的关键时刻半途而废，意义何在？如果你不打算为这幅图画着色，绘一幅草图又有什么意义？一股流水就会把它冲刷得干干净净！

没有课堂结束活动，你可能就只是在演木偶戏，虚度时间。过程可能很美好，但是学生们无法记住所学内容，而授课的终极目标就是要让学生记住，否则他们就什么都没有学到。

课堂结束活动的存在，就是要帮助学生牢记他们在课堂上学到的知识。如果你不这样做的话，他们所记住的知识必然就会少很多。我们把焦点转向约翰·哈蒂教授，他曾这样断言：

下课铃声响起的时候，课程并没有结束。只有老师得到了他们在课程中对学生们产生影响的证据，知道学生们取得了预期的学习效果，达到了最初设定的学习目标，课程才算结束——

这一点，老师可以从学生们的眼神中观察到。

只要简单的分析，就可以得到一些支撑该观点的要素。首先，哈蒂委婉却充满激情地肯定，必须对学生的学习情况加以检查，而课末是一个非常适合的时间段。其次，他毫不含糊地表明，我们要从某种角度改变自己看待学习经历的方式，即让学生的观点引导我们回顾自己在授课中的表现，并加以改进（这里只是简要介绍，如果你想把哈蒂的这些观点当作真理，可以参见第四部分《数字课堂结束活动》的第一节《梦寐中的家庭作业》）。

在进行有关学习的任务（或者以学习为目标的任务）时，学生可能会得到他们在课堂上不曾学到的新理解、新联系，因此，适当的课堂结束活动可以有效拓展他们在所学概念或技能方面的相关知识。

不过，还有一种非常有趣也完全说得通的观点，认为学生能够从良好课堂结束活动中收获的是了解自己还没有掌握哪些知识。达伦·米德，从他所写的教学法博客来看，他或许是全英国最理智投入教学的老师，他曾说道："学生渐渐对自己的知识不抱太大信心，只是一种正常反应，就好像他们不会去艰难地学习某种错误想法，而会质疑自己为什么要相信这些事物，不是简单地接受一样。”

米德在这里阐述的观点和哈蒂的想法不谋而合：最重要的，我们应该设法使学生明确自己还没学会哪些知识，并通过一定的方法来获得这些知识，弥补差距。

教学督导对课堂结束活动的态度

教学督导受雇于教育部门，他们不时从闪闪发光的手提包里拿出一套标准，对我们的工作加以评论，很久以前，我们使用课堂结束活动的方法就位列他们的考察范围之内。教育标准办公室①对采用关键三步教学法的英语和数学课进行的评估是这样的：“老师们很擅长站在讲台上，照着幻灯片向学生们宣读课程学习目标，也擅长在开始上课时，花费10分钟时间给学生们安排毫无目的的活动。尽管使用了课堂结束活动，但学生们并

① 英国教育标准办公室（Ofsted），全称为教育、儿童服务和技能标准办公室（Office for Standards in Education，Children's Services and Skills），是由英女王会同枢密院指派的英格兰学校总督察，其主要目的是通过独立监察和规范，协助完善教育和幼儿保育的质量和标准，并向政府提出建议。它隶属于官方，而独立于部长级政府部门。

不快乐。”他们尖锐地使用了“缺乏良好组织”和“薄弱”这样的词语，甚至更为严厉地批评道：

课堂结束活动是课堂教学的一个重要部分，但这种教学方法的质量直到现在始终没有提升，这是一个严重的问题。作为一项独立的工作，这个问题部分原因在于缺乏对其目标的理解：是为了评估、反馈、巩固、提升教学效果，是为了强化本次课与下次课之间的联系，还是为了增加本次课与本课程其他部分的联系？如果只是简单地把课堂结束活动当作一个附加工具，给一群小学生提供机会展示他们每天的学习情况，那未免大材小用了。这本来是一个重要的时间，可以确保学生们领会学习目标，并逐步加以实现，为教师下一次授课打下坚实的基础。

概括地说，像现在的（或者以前的）英国教育系统一样，课堂结束活动所遇到的问题，根源在于它们没有得到应有的严肃对待：即便在有人监督的时候，教师们也往往只是走个过场，没有真正投入足够的精力。正如教育标准办公室的评语：

从一开始，课堂结束活动通常是一节课的最薄弱环节。良好的设计策划，是课堂结束活动成功的关键。在下课前，进行这些活动的时间往往不够用，主要是因为老师们低估了组织这些课堂活动所需要的准备。课堂结束活动往往是整节课气氛最不活跃的环节，这时，老师们倾向于简单地总结课堂所教内容，而学生们却没有机会明确表达他们学到了些什么。如果给学生这样的交流机会，他们将会证明，这是学习过程中的重要一环。

从这一环节之所以薄弱的原因来看，我们可以总结出有效的课堂结束活动应该具备哪几项基本条件。

1. 计划周密

作为教师，当你走上讲台的时候，绝不能毫无准备，天马行空地从自己的想象中掏一些东西讲给学生听。不论怎么说，认为自己可以神奇得无中生有，绝对都是在自欺欺人。比如，在一节40分钟的课程里，你提问学生“这节课你们学到了些什么呀”，或许你自己能匆匆想出一个教学目标，但是马上又会被其他一些事情所分神，例如基思同学需要一些纸巾来擦嘴，每个学生都希望得到你的帮助。结果忙乱之中，你刚想出来的主意又会被忘掉。

2. 给学生留足充分的时间

这里的关键，是要把课堂结束活动看作是教学的一个有机组成部分，而不仅仅是一节课可有可无的尾巴。老师们常常会全身心投入到一节课的主体教学活动中去，对其给予了最高优先权，尽管这可能不够科学，导致自己往错误的方向前进。教育界似乎存在一种固有的思维模式，认为课堂结束活动与课堂主体部分的关系不大，前者甚至会削弱主体教学的有效性，这显然是强加给课堂结束活动的莫须有罪名。它们应该被视为实现课堂功能的一个关键环节，无论一节课中教师讲了多少启发学生兴趣的、重要的新知识，如果孩子们还没有走出教室门，就把刚刚学到的东西忘得一干二净，那么这绝不能称为一堂好课。所以，组织良好的课堂结束活动，首先要给予它足够的时间：10分钟，而不是两分钟（当然，课堂结束活动的时间可长可短，比如周一两分钟，周二20分钟，周五13.5分钟，等等，这并不重要。关键在于，其长短应该是有计划的，这样你才能预留恰当的时间来组织活动）。我可以保证，正因为你必须要在这个环节用掉这一大块时间，才能避免其他一些严重过失——它们会导致课堂结束活动无法有效展开。

3. 让孩子们学习

过去，当课堂结束活动刚刚兴起的时候，其指南很简单：

在孩子们把外套穿好、准备出门之前，老师询问他们今天学了些什么。学生们的回答通常冷漠而无力，因为已经穿好衣服的他们，脑子里装满了其他的事情，当回答问题时，就可能说出完全错误的答案，如果恰逢有人检查听课，授课老师定会颜面无存。你自认为已经教给了他们一些非常重要的技巧，包括相应的思想意识和技能，但他们却很有可能只是泛泛地说“我明白友好对待菩提树（即不同信仰的人）是正确的行为，对不对”，或者“种族歧视是邪恶的”，这种对话毫无意义，令人失望。

教育标准办公室给出的结论是，当下，在写报告时，甚至都没有老师站在讲台上询问学生学到了哪些知识。在以前，大部分课堂结束时至少有这样的步骤，老师们站在讲台上，为学生们总结今天学了哪些内容。有了这一步，老师们就可以在授课计划表上打个钩，说明自己已经进行过课堂结束活动了，但从任何角度来看，这对学生而言都不能算是一种有效的认知活动。

如果按照规范正统的观点：学生们在积极投入一项能够展现自我的活动时，可以学到更多的知识，那么就可以推理说，在课堂结束活动中，只让老师重复告诉学生今天讲授了哪些内容，并不能有效地把这些知识或信息灌输到学生的头脑里。

综合比较以下三种方式——专门设计一个课堂结束活动任务给学生们做、提问学生学习了哪些内容以及直接告诉学生你今天教了些什么，第一种很明显是最好的，但如果你只想随意地在下课前附加一项活动的话，提问他们显然也要好过你亲自为他们总结。

另一个使你吝于做出改进的职业误区，是让学生们在下课前展示自己的作业。我们在此不妨坦诚地说，这完全是在浪费时间。譬如，把学生们分为四人一组，然后从每组中挑选一名学生作为代表发言，而这位同学很可能只是在单调地照本宣科，念出来的句子不过是枯燥而冷冰冰的词汇的组合。其他人则都像备件一样，匆匆在纸上打着草稿，一心盼望能早点下课，这样就不必轮到自己上台，期待着时间过得快些，再快些。没有谁能从这样的活动中学到任何东西，唯一获利的是我们，因为它“展示”了我们的工作（如果你坚持这么做，那么请不要限制学生们的草稿形式，规定他们的学习范围。然后，要么理性地分析各组的成果——“这个小组学到了哪些你尚未掌握的知识？”要么让全班同学对发言者的课题内容进行“挑刺”，以这种积极的方式来提高效益）。

设计课堂结束活动的关键

技能：把课堂结束活动与教学目标联系起来

很明显，课堂结束活动与教学目标之间必须要有联系。因为这项活动其实是一种尝试，努力确保学生能够真正学会所教内容，更重要的是，要能铭记于心，熟练掌握。所以，有人认为，在设计一节课之初，就必须同时兼顾课堂结束活动与教学目标，因为二者会不可避免地相互产生影响。

不过，尽管很容易看出教学目标对课堂结束活动的影响，想要理解后者对前者的反作用如何发生，却需要费一番苦心。一种说法是，实现有效的课堂结束活动需要解决的一个大问题，就是当课程知识覆盖面广，或者知识点非常分散的时候，应该在何时使用课堂结束活动，才能取得良好的效果。如果教学目标过于分散，或者目标太多，或者多个目标之间关系不紧密，或者目标过于朦胧，以至于学生既无法对目标加以明确，又不能学到什么有价值的东西，这时候就不可能实施有效的课堂结束活动。如果某些知识、技能或理解在前半节课被定义错了，或者压根就没提到，那你也不可能很好地去巩固它们。

我以前常常质疑一点：教师为什么要和学生们分享教学目标。然而人对事物的观点和理解总是在不断变化的，经历了一些教学实践后，我逐渐改变了想法。有一个暑假，我前往离家12000公里的澳大利亚一所当地学校讲课，在那里，我亲眼目睹了整个学校因为没有要求老师在上课伊始必须明确教学目标，所产生的令人震惊的后果。比如说，你问学生上课时学什么，他们的错愕眼神，就好像看到你冲他们的母亲放屁一样！事实证明，如果你不告诉学生将要学什么，他们很少能自己说出所学内容的，除非他们天资过人。

这堪称一个有趣的哲学问题，闲暇之余，它绝对值得你好好想一想：如果你都说不清自己在学什么，那么你真的是在学习它吗？这个问题的答案并不确定，也不见得是你最开始想到的那个，但它确实会倾向于引导一个人做出这样的结论：在上课之始就把学习目标告诉学生，确实有助于让学生明确他们是在学什么，那么不告诉他们这些信息就显得太吝啬了（当然，除非你处心积虑，故意要打破常规）。

就教学目标与课堂结束活动之间的关系而言，前者定义了学习的目的，而后者则必须直入学习核心，判断学生是否真的学会了，因此，教师必须明白学习的核心所在。如果不知为何，学生们的学习主题偏离了我们最开始声明的目的，那么只安排给学生们更进一步的任务来结束一节课，并不够完美。在这里，正确的目的可以总结为一句非常好的格言，在教师培训中也经常被提到："从理论上来说，设计完美的课堂结束活动，你起码要做的是巩固他们所学的知识，而不是盲目发散。"当你要组织一个能够得到积极反馈的课堂结束活动时，很容易陷入一种误区，一心想给它增加活力，但这些活力并不见得会促进你了解学生是否学习了。通过这种方式，我们可以带领学生们度过非常愉快的10分钟，却忽略了课堂结束活动的主要功能，那就是巩固他们在一节课中所学的知识。

环节：尽早公布课堂结束活动的内容

在一个相关主题中，很多老师喜欢在宣布教学目标的同时公布本次课程的结束活动计划（在有人听课检查的时候，这个技巧非常有用，你也非常了解那些人，他们只会马马虎虎地听听一节课的前20分钟，从不关心课堂结束时的活动如何）。很多老师在上课时都会流露出这样的想法，认为督导不会来看课堂结束活动，并相信学生们会竖起耳朵认真听讲，然后在课末的小测验中表现出色，他们会这样提前公布自己的问题："在本节课结束的时候，我将提问大家以下问题……希望这节课下来，你们能够掌握正确的答案！"有人会把教学目标和课堂结束活动内容串起来公布，有些人则更聪明，甚至会用公布课堂结束活动的形式来宣布教学目标。这种在问答中实现效果的技巧，间接而富有逻辑性。如果在下课时答出老师的问题，你就达到了本节课的学习目标。至于老师有没有真正向学生宣读教学目标，却显得不那么重要了。

设计：迷你课堂结束活动过程展示

有很多人认为，老师在一节课的时间里，不应该只进行一次课堂结束活动，而是应该在多个时间节点停下来，反复检查学生的理解程度，巩固他们的学习效果。有的老师一站上讲台就开门见山地说："20分钟以后，我会问你们一个有关怎样分解二次方程的问题，你们要想好答案。"然后，准时在20分钟之后来提问。有的老师甚至还要求学生在某个时间，说出他们认为自己还需要学习其他哪些知识。

这一切看起来都井井有条、无懈可击。在一堂课的进行过程中，你在某个特定时间进行预定的活动，将之作为一个支点，来给学生们澄清观念，纠正误解，并以此来向那些听课的人们展示你的教学风采。尽管教育标准办公室几乎闭口不谈这一点，但他们总爱使用摄像机来捕捉教学亮点，提升教学质量，被听课的老师们也很享受这种方法。你甚至能够利用这些特定的时间点来帮助学生温故知新，重新讲解知识点，或重新定义学习任务，以此帮助那些感到吃力的学生更加轻松地实现学习目标，学会相关知识。因此，迷你课堂结束活动就像一个个补给站，便于你将学生们再次聚拢，检查大家的学习进度，顺利进入下一段教学里程。

这一切看起来顺理成章，但这里还有一个富有说服力的反对意见：进行这些迷你课堂结束活动的结果是完全荒谬的——教师就好像一条狗，脸上和屁股上各有一条尾巴在摇一般八面玲珑，这样他们就可以取悦检查人员。迷你课堂结束活动正是所有手段中的终极方法，“天呐，看吧，你这样努力地去迎合每一个人，却丧失了自己的理智”，这些迷你课堂结束活动的存在，会让哪怕是最低级的督导都嘲笑我们。我们不顾一切地想要告诉他们，我们的学生不仅在一年里取得了不少成绩，在单独的一节课里也有很多进步。在一节课的诸多微小细节中，把汇报工作看得比工作本身还重要，这何尝不是一种荒谬？

学习网地理论坛的一张海报，将自己命名为“蓝色立方体”，其中提到了一种对问题的优美解答，它在某种程度上，也是对其问题的总结。

给你一个坐标……它代表你已经掌握的旧知识，开始阅读第一部分材料——现在你知道什么了？/现在来做一些研究（或者继续完成剩下的工作）——现在你知道什么了？/现在写下你想要解答的X问题。像这样坐在座位上，时不时来一次的活动，算是迷你课堂结束活动吗？这种展示教学过程的方式，即使是最愚钝的教学督导也不会视而不见。

从教学法来说，这种想法也有些优点，但是黄杰夫（参见第三部分）已经说明，从衡量结果好坏的角度来说，课前的自我提问效果要略好于课后提问，更重要的是，在上课中间提问效果会很差。所以我们完全可以抛开那些陈词滥调，大胆总结：

这些所谓的迷你课堂结束活动，其效果要比课堂结束时恰当的活动差很多。如达伦·米德所说的那样，“常识说明，在课堂中间试图让学生进行自我提问，只有利于最有能力的学生，对其他学生来说只会分散他们的注意力。”

我认为这就是迷你课堂结束活动的本意，让那些反应迟钝的教学督导也能一眼看到令他们眼前一亮的东西，哪怕是无意中发现的。一言以蔽之，它的主要意图就只在于展示教学过程，既不是基于时间进度，也不是基于课堂空间，就是基于短短的5分钟活动时间展开。在这里，我们就好像是参赛的马夫，正把自己最好的马匹挑选给裁判审阅。然而，如果设计迷你课堂结束活动的初衷，只是为了给某位四年才来学校一次的外部督导看，而让学生围绕这些琐碎的活动转，我们或许就该对这种状态进行严肃的反思了：为了这些几年才来一次又不招人喜欢的远方客人，我们是否花费了太多的时间，占用了太多的课堂资源?

我任职学校的副校长凯文·巴特尔先生，他的博客名叫“凯文巴特尔的博客”，在博文中，他与我持有相同的观点：教育标准办公室实际上并不强调课程的进展过程。

令我们感到羞愧的是，甚至连教育标准办公室都意识到了，他们所谓的“进度”只不过是某个时间段从开始到结束的数字衡量，因此除了评估学生学到了多少知识以外，从中并不能得到更多信息。“课程的进度”对于我们这些教师或者学校领导来说，就像是对一个黑箱的定义，需要照进一束光才能真正看清它的面目。

他指出，甚至学生的监护人们也觉得课程的进度是一种有点愚蠢的想法——那些我们拼命想要取悦的人们，对我们取悦他们的努力却并不领情。在桃尔斯教育标准办公室最近名为《推动英语教学》的报告中，同样提到了这种有趣的情形：

在我们观察到的课堂上，老师们花费了大量的时间，让学生们表达自己学到了哪些知识，这种行为甚至限制了他们完成正常教学活动的时间，干扰了他们的学习！学生们需要时间去消化吸收新知识，然后才能进行有意义的讨论，衡量自己的学习状态。在学生充分消化新知识之前就让他们进行自我评测或者相互评测，只会事倍功半。

所以，虽然教学督导并没有明确禁止你实施这些迷你课堂结束活动，但他们也提出建议说，有些老师在学生真正学会某些知识之前，就开始跨越式地采集他们所学知识的信息，在你与课堂结束活动或者其他类似活动的各种关系中，务必记住，不要颠倒顺序：孩子们必须先学习，然后才能顺利通过相关的评估测验。

行为专家保罗·迪克斯是关键教育的首席培训师，以其特有的自信与激情，摒弃了一个相关课程上的插嘴习惯：

教学督导要求，每节课应该有30到45分钟的“可验证学习”，但这与我们对学习的理解是相冲突的。学习不仅限于在课堂结束活动中进行良好的复习，它还包括更广阔的含义。在恰当的时机采用关键字词填空、复述问题等方式，不见得能证明学生学会了什么。学习的过程是非线性的，它不可预知，甚至还不完全为人类所了解。有一种错误的观念认为我们可以掌控儿童何时学习、怎样学习，这不值得鼓励。随机应变、一切从实际出发才是正确的态度。而有的老师却把教学绝对简单化，比如说，“这是你们接下来30分钟要学的内容”。我们自以为可以控制学生的学习，结果在这种由模糊数据引导的、高度负责的一刀切教学道路上越走越远。当心“学习的单元”这种概念扩散到过大的范围，它们会令你确信，所有学习都是可以量化的。它们会偷走你的灵魂，换之以毫无畏惧的“管理能力”。

在吉姆·史密斯的著作《懒人完整教学进程：跟我学，我来支持你》中，介绍了更多对课堂结束活动的有趣误解。在一份严肃的、近乎学术研究的著作中，吉姆列举了四种不同的过程检查方法（这是课堂结束活动的主要功能），并将其区分为从“不满意”到“出色”四个等级。他这样讽刺那些“令人不满意”的过程检查方法：“老式的三段式教学法凭借过程检查（也可以称之为课堂结束活动）来完成课程教学，结果到了最后时刻，一切真相大白，学生什么也没学会，而其他类似的课程也一样，于是他们整个学期都毁掉了。”对于吉姆来说，过程检查（完成课堂结束活动功能的部分）是一个全局性的周期过程，它需要时间才能显现效果，而课堂结束活动功能的关键，在于改变学生的学习习惯，引导学生坚持监督自己的学习状态与学习行为：“混合在学生学习之中的任务，与老师的教学相辅相成。这些任务隐藏起来，发展为每一个学习者的内心对话，或者提高学习方法的技巧。”

吉姆的著作富含哲学思想，睿智有趣，还有大量的现代方法，完全符合心理学中的元认知研究成果。他描述出色的学习过程具有这样的特点："是对自己、同学之间或者老师引导的过程检查的重新整合。"因此它代表了元认知形式的课堂教学方式，远远超过迷你课堂结束活动的肤浅概念，但是吉姆的方法需要思维模式的巨大转变，它所需要的筹备计划量太大了。不过，以上的引用依然是值得的，扪心自问可以怎样实施吉姆的方法同样也是值得的，因为理论只有经过实践的检验才能被证明是否正确。

学生对课堂结束活动的态度

也许在学校，你可能是唯一的一个去全心热衷于职业发展，不惜花12.99美元购买一本有关教学所有环节却极其枯燥的书，这样看来，你可能是全校唯一一个能将课堂结束活动做好的老师，然而这同时也伴随着一种危险。你的这些能力，在良好的环境里可以发挥作用，提升你的班级，制定你的规则，但在差一点的学校里，你可能会遭遇非常强大的厌学文化，那里的学生都已经陷入了某种思维定势，如果你每节课给他们来一个课堂结束活动，他们只会认为这不过是你想标新立异，而不去认真对待它们。学生们一般都知道，在课堂结尾会有某种形式的概括总结，而这种总结是正当的教学方法，但如果在你的校园里，大家没有牢固树立这种观念，公认这是一种应有的专业教学方法，那么你或许就要去迎击不断涌来的消极浪潮。

当课堂结束活动以口头交流学习心得为主的时候，学生反应的一个关键问题，就是他们常常会对所学内容的理解产生极大的偏差，甚或最后出现一些荒谬离奇的回答。课堂上貌似投入了老师想要的活动，但事实却并非如此。或者，你会经常发现他们在开始阶段非常不擅长表达。比如有的学生会这样对老师说“我明白了我不喜欢和莎文合作”，或者“我发现英语也很有趣”，这些话可以说明学生在努力尝试，但并不能说明他们学习的效果或深入程度。

如果学生对问题的回答表达不清，或者误解了课堂结束活动的关键，甚至干脆沉默不语，这里有几种方法可以解决这个问题：最好的方法就是指定谈话对象——根据学习内容，为他们设计好话题，指定两人、三人或者四人一组，然后让各组代表就这个话题进行开放式讨论。保罗·布兰克和狄伦·威廉姆对课堂提问的所有细节都进行了详细研究，他们得出的一个结论就是，老师们常常会因为某个学生的快速反应而感到高兴，并对这样的反应给予厚望。换位思考一下，假设在经历了一整天绞尽脑汁的专业学习之后，再来提问你学到了什么东西，而且要求立即作答，你感觉如何。这样，你或许可以想象出在遇到老师这种貌似合理的期望时，那些学生的窘迫了。你希望他们说出答案，而且是立即说出答案！你并没有给他们任何时间去思考，怎样才能恰当合理地表明自己的观点，因此他们只好顺着老师期待的方向，盲目地抓住一串词语，试图去理解它们。

在学生回答问题之前，给予他们充足的时间，效果会好很多。而且要让学生们分组进行集体思考，而不是单独提问某个同学，比如上周刚从巴基斯坦搬来的阿里，他来学校这几天可能才只学会了一句脏话：“真他妈见鬼！”

分成一组的学生会彼此商讨，一起总结他们今天学到了哪些知识，并将答案组织成完整的句子。因此，当说出每组的最终答案时，他们都是经过深入思考与充分讨论的，这些答案就能充分反映他们现有的表达能力和思维能力。

具体操作很简单，这里有一个有趣的建议，比如，你可以安排一个历时10分钟的课堂结束活动。在这段时间里，你给学生三分钟时间分组思考，然后花两分钟收集他们的想法，包括收集、重构、改述学生们的答案，并提出更深入的问题，接下来的两分钟，让学生回到分组讨论，反思、体会他们听到的其他想法，或者思考老师提出的新问题。在最后三分钟里，老师可以明确地告诉全班同学，他们最开始的想法并非最佳答案："我们今天的学习目标是……但实际上学到的是……或许我们明天还要对这一主题进行温习。"

将课堂结束活动作为教学测评方式

很显然，当学生们讨论或巩固课堂所学知识的时候，是进行教学测评的好时机，而不论你采用怎样的测评方法，都可以据其来设计下一次课。

在课堂结束活动最开始出现的时候，它只被作为一种衔接教学过程的节点，帮助学生们看到在学习的整体过程中，他们正处于什么位置。进行课堂结束活动的一个关键，就在于不仅要告诉学生他们当前身在何处，还要让他们知道下一步要到哪里去（当然，实际上我们永远不可能知道这些，因为我们并没有一种工作机制，可以判定一个学习不好的学生，到底是已经竭尽全力，还是一个懒家伙）。这种课堂结束活动，还有导入下节课内容、刺激学生好奇心、增强学生学习投入度的效果，同时还能让他们预先了解下一步要学习的内容。

现在已经很少有命令，要求老师必须通过课堂结束活动向学生们介绍阶段教学目标，使他们了解整体教学计划。现在的课堂结束活动，更多的意义在于帮助老师评估学生们在本节课的学习是否成功。保罗·布兰克和狄伦·威廉姆模仿交通信号灯，让学生用来表示自己的学习状态：用绿色表示对一个概念有把握，黄色表示正在学习，红色表示刚刚开始学习。学术界流传下来一些缺乏活力、呆板无趣的教学方法给墨守成规的老师，而有些老师也有意适当坚持这些方法，那我将这种信号灯指示法列为最佳的课堂结束技巧推荐给他们。

在遍布英国的各个学校中，这种技巧有很多变化，比如威廉姆在BBC第二频道《课堂实验》节目中使用的彩色塑料杯（在这个节目中，他要求学生将不同颜色的杯子放在“枯燥乏味”卡片上边或者俄国洋娃娃头上，来表示他们对所学知识的理解程度），还有些老师让学生用卡片来表达同样的意思（学生们能够给自己不喜欢的老师所做的每一件事亮红牌，使之更加有趣）。很多学校将这种卡片使用规则列入教学计划，从而减少了老师信口开河、学生不知所云的事件，而老师也不必浪费太多时间去了解学生的理解情况。

《在黑箱中工作》一书提出了一个实际上非常聪明的建议，在课堂结束活动开始时，请学生自行表述他们对知识的理解程度，然后将那些对自己的学习信心满满选择“绿色”的学生与那些选择“黄色”的学生配对分组，这样学习好的学生就可以帮助那些还没有完全学会的人。与此同时，老师就能腾出精力来照顾那些一知半解的学生，帮助他们重新学习一遍。

有人可能会质疑说，在这个日新月异的大千世界，除了以上这种技巧以外，使用课堂结束活动判断单个学生的学习需求完全不可行。诚然，你很快就能在一张纸上写下结语，比如，德维恩·迪布雷没有理解二次方程，但你同样总会很快弄丢这张纸。更有效的方法是使用课堂结束活动作为一种教学测评任务，针对全体学生而非个别学生来制订计划。

如果不假思索，使用这样的技巧来获得更大范围的教学效果，似乎要更好。但事实上，或许拥有教师资格证的你掌握着很多有趣的教学方法，因此认为一个概念是如此简单，所以就不向学生们详细解释它，结果很可能会把学生弄得一头雾水。交通信号灯法，提供了一个客观的方法，可以洞察学生是否已经真正掌握你刚才教的内容。或者是跟不上你的节奏，或者是干脆没听讲，但如果他们出示了很多红牌或者红色杯子，你就会知道下次课应该从另一个角度重新讲解这部分内容。

学生的反馈是最佳评估工具

有一个大胆的课堂结束活动策略，那就是询问学生，这次课讲得怎么样，如果重上这次课，他们有什么好建议，但这或许要求你在学校站稳脚跟，被大家公认是位“好老师”之后才好使用。这种方法不仅仅局限于评估学生的学习情况，更像是一种自我评估工具，可以促进你的自我成长，它能达到双赢的效果，不但会让你观察到学生们的学习状态，还会帮助你了解如何与他们共同提高。这种策略的危险在于，如果学生还没有公认你是一个好老师，提出这样的问题会让一些淘气鬼有机会和你唱反调，甚至得到很消极的回应，他们或许会耸耸肩说：“我就是不喜欢你的课。”

但是，如果你想要知道自己的课上得怎么样，最好的方法依然是询问学生，这使你有机会聆听一些学生的见解与评论，帮助你改进自己的教育方式。一节课是好是坏，上课的学生往往是最深刻的思考者。很显然，咨询学生怎样提高他们的课堂学习效果，是一项元认知任务。

有意思的是，哈蒂教授似乎认为，这个过程，才更像是教学的真正圣杯。比起教师在课堂上的讲课，他更看重教师从课堂上得到的反馈。在哈蒂的研究中（研究如何激发学生的元认知），另一个有趣的论点是，我们调节元认知的能力不是孤立不变的，而是与具体环境息息相关。在《直观教学》中，他提出必须将元认知与每一项课程单独联系起来，因为大多数人发现，从复杂多变的环境中抽象出规律来并非易事，人们更多的是和适用于特定环境的特定规律打交道。哈蒂还揭示了我们对儿童教育的集体责任感，他将之比作风中的小碎片。你在教授学生这些方法的时候，认为他们将会以此来提高自己在所有课堂上的学习质量，但实际上他们并不会这样做。他们只会在你的课上应对这些课堂结束活动，只要一下课，他们就会把这些事情忘得一干二净。好讨厌的事情啊！

检视一下哈蒂的这些观点是否正确很有意义。元认知到底是作用于泛域还是作用于专域的呢？

认知域分歧：泛域论与专域论

元认知是广泛作用于多个领域，还是专门作用于某一个领域，这场争论既存在于研究推理的学术研究中，也存在于那些判定教育质量好坏的评论之中，目前它依然是一个悬而未决的问题。

概括地说，这个问题就是，推理究竟是一套普适技能，可以应用于每一个领域，还是每个领域都有其独特的推理。学者们将这对立的两种观点归为两类：泛域论与专域论。泛域论的知识可以体现在对以下问题的回答当中："我怎样才能学得最好？"而专域论的知识则需要再添加一个限定词，"我怎样才能把地理学得最好？"或者："我怎样才能在那个令人讨厌的老师手下学得最好？"我们这里的"域"，是指某一个特定的知识领域或者课程领域，而不是空间领域（尽管从嵌入认知的角度来看，这种说法值得商榷）。想一想自己的某些方法或技能，你就能很容易理解，我们解答一道数学题的认知过程与解答一道语文题的认知过程，多半是有区别的。我们会使用不同的参考知识、不同的经验，甚至不同的大脑区域，去解决不同学习领域的不同问题。从这个角度来看，想象我们在这些领域的认知是各不相同的，进而推论我们对不同内容或背景的元认知也是各不相同的，这也并非异想天开。

在这些有趣的问题中，我们将首先讨论专域认知论的观点，然后再讨论泛域认知论的观点。

专域认知论观点

沃森测验及其启示

沃森选择任务是一项推理测验，有人倾向于将其与报纸上的纵横字谜归为一类。有一系列标有不同颜色和数字的卡片，“不幸”的实验对象们需要从中选择一张出来，根据上面的数字或颜色来回答问题（这些问题可能会有一些非常相似又不确定的备选答案）。有趣的是，在纯粹的逻辑题中，题目完全脱离现实生活场景，几乎每个人都会做错。只有当题目限定于某个社会场景话题时，人们答题的正确率才会提高，例如，儿童在几岁之后可以在公共场合饮用黑刺李杜松子酒。

不过怪异的是，学者们为了进一步支撑他们专域认知论的观点，进行了进一步的认知实验，在该实验中只有加减法。其中的数学题的难度类似于中学会考题，比如 :“佛瑞德有两个苹果，他吃掉了其中一个，出于生态保护的想法，将果核扔到了一堆肥料上，现在他还剩几个苹果？”然后给出几个加减法算术结果的选项，他们发现，题目中的背景影响了学生们做选择的数学过程。这道题目需要他们进行一次列式计算，但有些因题中陷阱上当的人毫不犹豫地列出了加法算式，排除掉这些干扰项，他们就会选择减法。因此而得到的结论是，你手头掌握的信息会以某种方式影响你处理问题的正常模式，也就是说，在不同的背景下，我们会有不同的认知学习过程。

嵌入认知

有一种观点认为，认知是我们人类本质核心的一部分，任何学习的努力都无法摆脱与我们作为一种生物这种天性之间的联系。想象一下，如果你将要去拜访一位伯祖母，而她住在你从未去过的西南威尔士，在路上你迷路了，于是向一位长着白胡子、戴着一顶有点磨损的绒球帽子的当地人问路，而他给你指的那条路有很多拐弯和岔路。他用右手在空气中给你比划地图：手掌转向你表示右转弯，背向你表示左转弯。在他做完这些之后，你重复他所指的路，用同样的动作比画，好让自己记住。

学生在课堂上开展的结束活动，就是通过调动大脑中的感知器官，模仿教师已经教授的“比画”。在寻求问题答案的时候，我们常常调用这部分大脑区域。有趣的是，它们还经常被用来解决比寻找伯祖母家方向更抽象、更缺乏空间感的问题。

著名博客“混合记忆”的博主克里斯想到了一个华丽的句子来解释嵌入认知——这是有机体与其环境紧密结合的产物。因此，嵌入认知的观点认为，人的认知不可避免要与环境相联系，所以，你无法通过同一种方法解决科学实验室和语言实验室中的问题。

环境认知

环境认知是专域认知论的一个分支，有四个基本观点，每一个都存在着争议。

1. 行为是基于特定环境发生的

有这样一种观点，掷飞镖的人或许更擅长计算何时停在掷镖线，但是即使在头脑清醒的时候来到商店，他们也要花一番功夫才能算出自己是否买得起四罐麦克尤恩啤酒。一项有关巴西街头儿童的研究支持这一观点，那些孩子在街上可以进行复杂的运算，然而一旦坐进教室，他们的头脑就彻底迷糊了。但是，这一论据并不能说明什么。学习可能确实与汲取知识时的环境密切相关，但谁也不敢断言人类不能把学得的知识运用于其他相似领域。三十年前，在伦敦东南的一所学校里，我在莱瑟姆先生的英语课上学会了写作，之后我再也没有去过那里。现在我年纪大了，那所学校也早已不复存在，但在需要的时候，我依然使用莱瑟姆先生教给我的那些知识。

2. 知识不会在任务之间迁移

在最基本的层面上，这种说法就是值得怀疑的。要沏杯茶的时候，你会先去烧一壶开水；要煮一锅面条，你首先要做的是什么？当然是进厨房。然而，就像戴维·迪道给我指出的一样，这只是一种“相近迁移”：最初学习的环境和当前新学习的环境极其相似。《教育学的七个谎言》一书的作者黛西·克里斯托多罗声称，当两个任务之间的智力距离很远时，知识就不会在任务之间迁移。她认为：“技能与特定域的知识相关联，就算你可以分析一首诗，也并不意味着你能够分析一个二次方程。我们可以使用‘分析’这个词来代表各种活动。”在这里，你或许会争辩说，“分析”只是多个完全不同功能所公用的一个词语，但我在这里并不是要戳破这点，而是要说明，你信以为真的某些事物可能与你所想的情况大相径庭。问题在于，远距离迁移是否会以某种明确的方式存在？我们很容易看出数学怎样帮你做统计，但在文学课上学到的技能对物理课有多大帮助就不好说了。知识或技能的可迁移性，依赖于最初学习环境与新场景的接近度，尽管让史蒂芬·斯皮尔伯格去棒球队当教练可能会很糟糕，但没人能够确定，与那些从未主持过大型项目的人相比，他没准儿更有可能成为一个好教练。

3. 抽象培训是有用的

你可以争辩说，这低估了我们的智力。

美国教育学教授汉里·布劳迪最近撰写的文章，令人信服地说明了人类在任务之间转移知识的能力，是如何与人的抽象潜能相关联的：“有些一般化的知识需要运用……没有人教授适用于陌生环境的技能。怎样解决代数方程和怎样决定使用哪个方程来解决某个具体问题，对个人抽象潜能的要求是不同的。”

4. 必须在复杂的社会环境中教学

这种说法同样是无稽之谈。你可以依靠自己，也可以通过听讲来学会一些东西。在1959年的联赛杯决赛中，诺丁汉森林队以2：1的比分战胜了卢顿队。森林队的第一个进球是由罗伊·德怀特打进的，之后很快他的腿就受伤了，他是埃尔顿·约翰的堂兄弟。现在你就知道了，埃尔顿·约翰的堂兄弟曾在诺丁汉森林队踢球，并在联赛杯决赛中腿部受伤。你并没有在社会环境中学过这些知识，就轻松掌握了这些内容。

进化与模块化

这种观点似乎可以承受住更多压力，我们现在无疑是处于一个真实的世界，它不仅真实，还很有趣。有一种观点认为，认知是模块化的，可以分为不同的单元——其中有些知识是天生的，甚至是遗传的。在可能的情况下，婴儿和小动物会避免让自己从陡峭的地方垂直下落，为这种说法提供了依据。你不可能从尝试和失败中学到这些，因为在现实中，一旦发生这种错误，生命就将永远终结。尽管婴儿和小动物从来没有过坠落的体验，他们依然会努力远离它。通过挖掘这一点，澳大利亚的博物学家们试图设计一种厌恶疗法，通过给袋鼠喂食混合有毒蟾蜍和抱子甘蓝的肉肠，来防止它们死于吞食可怕的有毒蟾蜍。他们已经发现，袋鼠对这种肉肠的厌恶遗传给了下一代，新生的小袋鼠生下来就会避免吞食毒蟾蜍，因为它们已经不可避免将毒蟾蜍与恶臭的抱子甘蓝味道联系在一起——这就是行动中的模块化认知！这部分认知是一种天生的、事先安排好的模块，它可以进化，是生物认知中的一部分。

泛域认知论的观点

有人对泛域认知论做出了极好的解释：

另一种解释专域认知效果的文献，把目光瞄向了主动思考和自动性的区别。在人们学习如何执行某一具体任务或如何解决某一类型题目的时候，他们倾向于使用泛域思维。然而，因为他们反复遇到同样的任务，将成功的方法打包存储就变得经济可行。在储存了这些方法之后，人们就不必再使用泛域思维来处理这些问题，只需简单地重复使用之前存储的某个具体方法。

这样，我们又回到了出发的原点。有些案例看似必须要专域思维才能解决，但是或许也可以用泛域思维来解释它们。更进一步说，或许真的是先使用泛域思维，然后存储衍生出来的特定方法，才产生了专域思维。大脑中肯定存在某些专域模块……不过，因为两种说法都没有确凿的证据否定另一方，而且两者都能解释大部分事例，所以我们只好等待有决定性的证据出现。

不过，尽管仍没有确定的答案，但以下推测不无道理：人类最开始的学习阶段像是泛域的，但在重复同样或者相似的任务过程中，我们的专域思维开始萌生，因为我们会试图达到自动性。譬如，在刚学开车的时候，我们会试图将那些普遍原则与我们记忆中的事物联系起来，然后学会使用变速杆、仪表、离合器，思维开始变得自动起来，这时我们的认知开始模块化，指向某种具体行为。可以说，这两种状态并不是完全对立的，一言以蔽之，我们在学习的初级阶段使用泛域思维，然后逐渐将其发展为具体方法。

现在我们可以理解到，很多关于这方面的断言并不完全可信。专域认知论固然没有被接受为事实，但它已经成为人们用大量论文来讨论的众多未解之题中的一个。或许有人会得出这样的结论：既然没有无可置疑的证据表明一节课上的元认知一定不能迁移到下一节课中去，而整个学校关于“如何学习”这一主题的项目开展得如此狂热，那么这种元认知就有帮助学生学习的潜在价值。

THE BOOK OF

PLENARY

2

第二部分

模拟课堂结束活动

Analogue Plenaries

第二部分

模拟课堂结束活动

本书中有一系列实用的教学方法，你可以直接拿来在课堂上运用。但是请注意，这些方法分为两个部分。第一部分，是一些和元认知研究无关的方法，我们称之为“模拟课堂结束活动”，也就是本章的内容，它们与那些元认知课堂结束活动相比，就好像是老式唱片和新式CD的差别，但毋庸置疑，这些活动也是有益于课堂的，可以即学即用。在这之后的第三部分是一篇很长的元认知论文，最后一部分则是另一套教学活动，它们与元认知研究更吻合，注重培养学生的元认知能力，而不是让他们死记硬背。我们将后者称为“数字课堂结束活动”，虽然事实上，它们和数字新技术关系不大，我们不过以此来表示它们是2.0版的课堂结束活动。

1. 与学生分享教学目标

正如我在第一部分所评述的那样，和学生分享教学目标是个好主意。如果整个课堂一切良好的话，还有一个有趣的主意也是可以用的：在一开始不说出教学目标来，直到下课前才提问学生，他们认为本节课的教学目标是什么。让学生三两人一起，共同思考、讨论你这节课想让他们学会什么，最终全班达成某种一致。

这种做法的意义在于，在一节课的最后三分钟里，你就像揭开诱惑舞女萨洛米的七层面纱一样，缓缓地揭示出本节课的教学目标。这或许还可以作为以后进一步讨论的跳板，不论最终讨论出来的结果如何，我们在此必须要设法将课程目标说出来，才能防止学生们形成不良印象："一到下课时间，老师就在这里假装微笑，好像我们有超能力，能从他/她之前可怜的废话堆里找出什么好东西来似的。"

2. 以插科打诨埋下伏笔

在上课开始的时候讲一个需要某些专业知识才能明白的笑

话，并将其作为一个教学目标——“到下课的时候，你们要告诉我这个笑话好笑或者不好笑的原因。”

举个例子，有一件事很多英语老师都不擅长做，就是分析图表设计者决定使用何种字体、字号等内容的原因。事实上，让英语老师去理解图表设计者的思维过程，他们既不专业，也没有任何这方面的技能，但这并不妨碍把它作为学生的测验内容，进而可以对每一篇死板、啰唆、乏味的课文进行分析。有的学生会用这句话来评论每一种排版方式：“作者这样设计，是为了吸引读者的注意力。”不论是否斜体、大写、粗体，也不论是否有阴影、颜色如何。但不管有多少学生这么说，老师依然会认为“它吸引了读者的注意力”这样的答案，足以让学生在一场非常重要的考试中不及格。

学生们需要了解的是技术细节和审美类型。下面我将开始讲述这方面的内容，它们并不是特别有趣。

大多数学生隐约记得鲍勃·玛丽的同名歌曲，但是他们依然会困惑“衬线”究竟是什么。课上到一半，有一个学生突然明白了。然后，临到下课时，我让他们分析或解释为什么这个完全不好笑（主要是在写法上）。

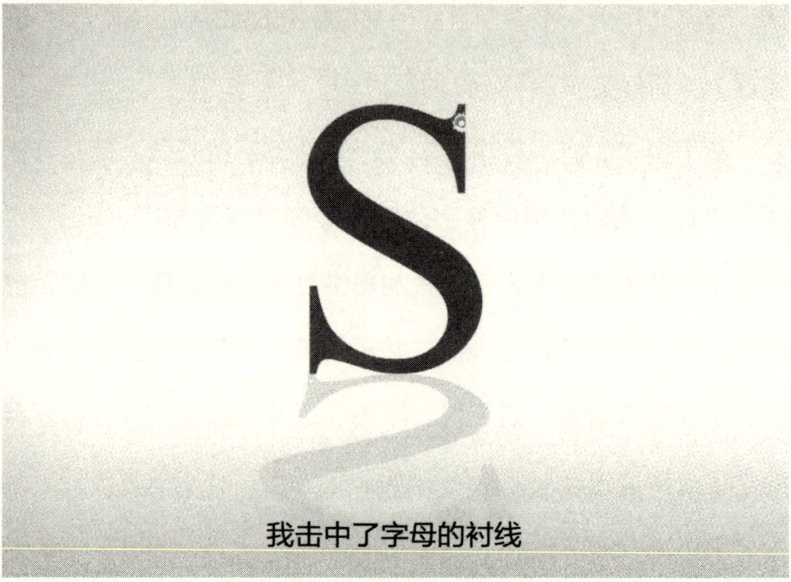

准备这种笑话很容易：使用谷歌图片搜索功能，搜索“字体笑话”、“二次方程笑话”或者“设计与技术笑话”，它们足够你课堂所需，但需要学生在理解某些概念的基础上，才能分析出笑点所在。在上课之初就把它打在幻灯片上，然后再来与大家分享教学目标，你就将得到一个妙趣横生的课堂结束活动。

3. 设计金字塔问题集

在一页纸上用图形表示这个活动有点困难，不过还是要介绍一下。

很容易理解吧？好，我们继续。

哦，你还需要给它们加上标题：

提出一个问题

两个你之前不知道的概念

你学到的三个新单词以及它们的意思

孩子们从金字塔顶开始提问，由你来回答。或者用一种更出乎学生意料的新方法，比如，在分组学习的时候，让他们相互回答彼此的问题。你只需要在一旁聆听，看他们能否自己想出答案。另外一种方式被顶级教师西蒙·沃伯顿称为“出场券”，是他在2012年第一次伦敦教学大会上提出来的，较之其他活动更能活跃课堂气氛：在下课的时候，学生必须每人都提出一个问题才能离开教室，而这个问题就是他/她的家庭作业。西蒙认为，既然21世纪的科技已经如此发达，互联网无处不在，完全可以要求学生自行寻找答案，甚至可以将自己的答案带回课堂，与全班分享。只要他们都会上网，都能上网（当然，有些家庭可能没有安装电脑），这就是个好主意。

4. 让所学知识变成财富

在英国的教学中，有一个问题非常棒，值得探讨一番，很多人包括外汇、股票持有者都会喜欢它，那就是："你怎样才能从这条信息中赚钱？"

你得到的答案将会很有趣，这种问题可能会激发出涉世未深的七岁儿童心中蛰伏的企业家精神，但在眼下最重要的是，你们开始以某种令人兴奋的有效方法使用课堂知识，甚至可以忘记自己身处课堂结束时，这个活动的目的是要把某些原本枯燥的内容存入学生们的大脑中。

5. 临时抽查学生

你或许会想，必须在一开始就把情况告诉那些"可怜的实验对象”，但请想一想，如果你不事先通知安排，而在某堂课下课前临时抽签选择两位同学，这样每名同学都会在课上好好学习，因为谁都有可能被选中！

通知全班，在下课前，你将会挑选两名同学，回答本节课学习的相关问题。当你开始这项课堂结束活动时，向你挑选出来的两位同学提出一些紧紧围绕本课内容的问题，可以允许其他同学提供帮助，一旦答题者找出答案，你就必须再提出新问题。

6. 进行扩展抽象训练

在写作本段文字之前，我没有读过任何有关SOLO（可观察的学习成果结构）分类系统的材料，它似乎来自某次快速的网上浏览，是一种教授迟钝学生的时髦方法。到现在为止我只浏览过五步法的名称，以及其中的最后一步——扩展抽象。乍看只是两个单词，但是它们结合到一起，就产生了远远超过其单独意义的含义。扩展意为“更进一步”，抽象则指“在一个问题上反复思考”。

当然，为了弥补知识空白，我最终阅读了有关SOLO的材料，现在我知道SOLO中的扩展抽象步骤，就是一个人将所学知识与其他领域相联系的步骤，这样的跨课程学习步骤或许是大部分老师都乐意看到的，但它在实际的课堂结束活动中情况如何呢？乍看它像是一个好主意，比如这样提问："怎样才能把这些学习内容与科学联系起来呢？怎样与数学联系起来呢？怎样与阅读联系起来呢？"这样的垃圾问题只会让学生们感到无聊，因为它没有任何合理的答案。为了证实我的上述判断，你不妨自己去尝试找找答案，就会发现它们本来就没有多大联系。

很多人都梦寐以求这样的知识：天上的那个人注视着你的一举一动，他存在于太空中，也身在你家的烤箱里；他知道你何时睡觉，何时起床；他创造了物理定律，却完全不受这些定律限制；没有人见过他，他是爱的化身；奇怪的是，一旦你非常理性地指出，如果一个事物谁都不曾见到过，那就几乎可以肯定它不存在，人们就会拿一只锋利的叉子一直戳你，惩罚你。比如足球的发明，这个常识鲜为人知，足球是由保守党在19世纪末发明的，以此确保工人阶级的男子永远不会把旺盛的精力用于质疑使自己贫穷愚昧的制度上，而工人阶级女性普遍性早熟，于是《太阳报》废话连篇，其目的就是为了让我们保持愚昧，不去花任何时间质疑富人之所以富有、我们之所以贫穷的原因。

把这些新信息与阅读联系起来，我们就会把图书馆里的《圣经》转移到虚构小说的书架上，但是这对你解读圣经有用吗？你若将这些新知识与机械生搬硬套到一起的话，其中的联系要么是极度陈腐，要么就完全是异想天开。那把它与地理学相联系呢？我们现在知道了，上帝并没有用它那看不见的大手把那块石头放到那里，这样的联系有什么意义，能给我们提供什么新视野呢？很简单，什么都没有。再把它与2×2=4相联系，除了一声尖叫“如果上帝不存在的话，最简单的数学等式也就不值得相信了/更值得相信了”以外，这种碰撞没有任何意义。

或许是因为我们选择了一个错误的例子，才导致了异常的结果，那么，让我们来看另一个例子：牛轭湖是由曲折的河流沉淀淤积而成的，将它与学习名著《麦克白》联系起来怎么样？根本没有这个必要，让学生来做这件事完全就是在浪费时间。我们使用扩展抽象方法的最大目的在于让学生们跨学科学习，但它的最终结果，却只是给你的学生增加了一些漫无目的、毫无新意的作业。所以，下次你要实施一项课堂结束活动时，如果想要学生们找出本节课知识应用于其他课程的三种方法，首先请检查一下你自己能否做到这一点。你可能会发现你自己也做不到，或者必须得指定某门可以联系起来的课程。

还有一种可能的方法，简单地将扩展抽象作为跳板，借助它跳过SOLO分类系统的某些步骤，直接进入学生的学习创造艺术阶段。如果我们使用维基百科对扩展抽象阶段的定义，该阶段“在更高的层次，把之前的概念加以融合，归纳到新的主题或领域中”。抛弃整体学习的其他必要条件，我们还可以将其推广到新的主题或领域，作为一种融合尝试，我们可以借用它，利用所学知识做些有趣的事情。

比如，把扩展抽象作为一种写作的激励因素，让学生写作一则趣闻或者一篇道歉信；为了反映所学知识对我们的自传产生怎样的潜在影响，我们可以回顾它，批评它，描述它，写一篇有关它的评论；写一篇论文讲述我们之前的粗心，解释它的原因，将故事改编为神话传说或其他设想；甚或进行一次相关的采访，编写一则有关它的笑话；归功于它名扬四海的身份，并撰写有关它的故事。我们可以写一封信给正在学习它的人，列举出我们需要克服的每一件事，准备好激动人心的长篇独白，或者一篇新闻稿。我们或许会拙劣地模仿它，把它作为有说服力的信件或演讲稿的基础；设计一幕以学习为主要特征的短剧，写一首有关它的诗。我们也可以通过另一个角度来重述它，从更广阔的角度来看它，将它改编为科幻小说，写一张感谢便笺或者绕口令。总之，可以是任何形式。任何可以导致我们学习的事物，它们不仅会令我们重复使用所学的知识，而且还会通过给予我们有趣的写作灵感，提高我们的写作技能。

但如果我们走进抽象的世界，写作或许就显得过于具体了，它会引导我们想要知道，基于学习的扩展抽象是否真的切中要害，然后我们就会来到视觉艺术的范畴：涂鸦、速写、卡通、连环画、素描学习。我们也许会突然变得富有艺术感：构建一个与学习有关的即兴创作（实际的或者是象征性的），或者放开我们“舞动的手”，创作动人的诗篇或婉转的副歌，而当我是一个音乐家的时候，这种灵感就会坚决离我而去。

课堂结束活动中的扩展问题，是指在10分钟的活动里，你可能没有足够的时间，用达·芬奇般明暗对比的铅笔画方式去教学，因为它们通常需要的时间不止短短10分钟。在这里你可以使用自己的专业判断，调整你的课程安排，来容纳更长的课堂结束活动，把每节课的活动时间积攒到周末，进行一次超级课堂结束活动，或者退一步接受现实，开始这项课堂结束活动之后，并不一定要在课上完成它。

7. 逆向思考问题的对立面

这显然是一个很简单的问题，但在得到想要的答案之前，我们需要学生进行一些大胆的思维跳跃。与学习内容相对立的事，也就是通过符合逻辑的推理而得出的结论，我们必须要从创造性的角度看待这一问题。比如，与“热会使物体膨胀”相对立的是什么呢？我们很容易听到这样的答案“热不会使物体膨胀”，这显然不符合生活实际，于是你否定了这个答案，要求学生不要急于寻找看似最为明显的解答思路，继续针对这个问题，寻找实际存在于现实世界中的对立面，最终得到了这样的答案：“冷会使物体收缩”，而这就是正确答案。发掘出这个答案时，意味着我们进入了一个激动人心的领域：一个十岁的孩子和我想出了“冷会使物体收缩”。这本身是一个有价值的概念，而巧妙地借用了我们最初学习的知识，我们这样做的目的，是为了确保学生们把这些知识铭记在心。

当然，我们需要教授的知识不一定都是这种二元化的内容，但一定要提出这个问题。比如，“请尝试寻找下面一句话的对立面：撇号有两种形式，表示缩写或者所有格。这句话有对立面吗？”假设你提问一个十岁的学生，他回答说：“没有，但如果非要给它找个对立面的话，那就是引号了。”

“为什么？”

“引号都是成对出现的，一方面，两个外形上下颠倒，相对而成。另一方面，人们用引号来表示说的话，而用撇号表示所有格。”

这里会产生怎样的跑题答案呢？比如，“句号有一种形式，表示缩写。”

或者我们找不到适当的答案怎么办？但我们依然对主要学习内容进行了深入思考呀。

当然，如果你能使用一点图形辅助，就能帮助学生更好地理解你要做的事情。

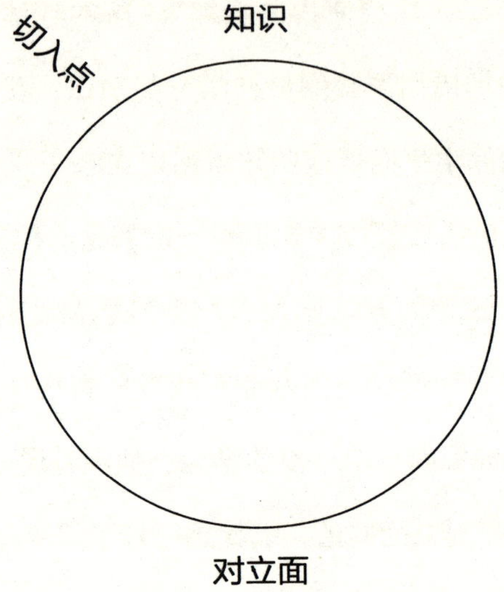

8. 凝固造型游戏

在我的第一本书《我们可以做得更好》和第五本书《结构之舞》中，都曾提到过这个方法。如果你之前已经阅读过那两本书，今天又买了这本书的话，我要为这重复的内容向你致歉。简单来说，凝固造型是一种相当富有戏剧性的技巧，做这个活动的时候，一群学生在不同的位置摆出各种姿势，以画面的形式来表达某个瞬间的惊人特写。所有造型可以分为两类：自然主义和象征主义。自然主义便于理解，使用也很轻松，虽然可能不怎么有趣。为了少费些脑力想新内容，我现在要稍微放纵一下，享受一下引用自己文章的乐趣。

孩子们的动作瞬间凝固，好像完全没有意识到摄像机的存在。从自然主义出发，他们逼真模仿了现实中一些惊人的瞬间：曼德拉被释放的那一刻，第一次世界大战时士兵们穿越战壕，埃塞俄比亚饥荒中一位母亲为死去的孩子哭泣。每一个造型都构成了一幕有趣的场景，阐述了课程内容（引自菲尔·比德尔，《结构之舞：创造力小册》）。

一个好的自然主义造型具有以下几个特征：孩子们应该保持静止，有安排好的人物位置和造型重心，预定好焦点，所有人朝同一个方向看去，有明显的空间层次。

象征主义造型比自然主义造型更有趣，或许也更适用于课堂结束活动。在其中，学生们不见得非要扮演人物：他们可以扮演任何物体、概念甚至是抽象概念。比如，"他们被安置到一副冻结的框架中，代表一些想法、概念、主题，甚至是对一段课文或者历史事件的专门分析。"（引自菲尔·比德尔，《结构之舞：创造力小册》）或者根据学习内容安排学生列队，这种活动的一大特点就是开放式结局，会达到非常有趣的结果。而在将抽象概念实体化的过程中，学生们需要调动更高层次的思考技能，至少可以部分地反映学生SOLO的最高层次，即抽象拓展阶段。

如果不喜欢戏剧，你也可以让孩子们画出这些造型，同样能达到理想的效果。

所有这些活动的美妙之处在于，包括准备时间在内，学生们甚至可以在短短10分钟里取得非常好的效果。展示这些造型，让学生们评估自己对学习的总结有多好，你就可以让越来越多的学生更加愉悦地投入学习。

9. 利用关键词讲故事

我曾在另一本书《如何教学》中提到过这一点，因此也要向那些读过拙作《如何教学》的读者致歉。但这一建议是如此出色，值得我反复阐述，读者重复阅读。它的提炼，来源于我满足自我虚荣的一趟旅程。在那次交流中，我去了其他两个学校考察，以撰写如何提升校园教学文化的报告，就在那里目睹了几次这样的课堂结束活动。它之所以能被推广开，源于它既有趣又有用。

你可以选择一节课的几个关键词，或者几节课中的几个关键词，后者更好，将它们写入四列表格中，然后让学生们四人一组，每个人用其中一列关键词造句，并尝试将四个小组成员造的句子连成一个小故事。以“从前……”开头，能够帮助第一位开口的同学接上后边的句子，尤其是当他/她比较害羞的时候。

示例：九年级《火山》关键词

学生1	学生2	学生3	学生4
活跃 火山口/凹陷 熔岩	灰 外壳 岩浆	灰尘 休眠	核心 毁坏的

从前，有一只不太活跃的老鼠，他的名字叫蒙体。蒙体抽了很多烟，结果他的尼龙运动服上面落满了烟灰。尽管他用一块沾满灰尘的抹布擦衣服，试图让自己的衣着整洁一些，但当妈妈看到他的时候，他惊人的邋遢形象彻底震惊了她：他的眼睛像是毁坏的轮船，眼角里塞满了面包屑，双颊凹陷，看上去完全像是处于休眠状态。

妈妈特别担心他很快就会死掉，但他只是终日空虚地凝望着熔岩台灯，看着油灯，灯油如岩浆般翻滚……

现在你明白我的意思了。用这种神奇的方式，学生们就可以再次使用课堂上的关键词。让他们分组练习效果会更好，学生们共同完成任务，整个过程将更加有趣。不过，它看似不太适合成年人，对他们而言，那只能是拙劣的表演，成为可悲的故事。

10. 为词语找到正确定义

很多老师喜欢在上课伊始就开展这个活动，但事实上下课前使用它会取得更好的效果，因为这时候学生已经拥有充分的信息来完成这项活动，而不必再依赖猜测和推理，在他们投入认知之前，这些不必要的猜测和推理会给学习带来障碍。创建一个表格，就像下文的样表（见第75页）一样，各个词语的正确定义被打乱了顺序，学生们要将各词语与它们的正确定义连线。如果喜欢，你也可以给他们剪刀，把各个词语与定义剪下来贴在同一区域。

这种活动的一个变形，便是引导孩子们开展“邂逅游戏”，给一半学生每人一个词语，给另一半学生词语定义，并让他们在教室中漫无目的地走动，每当两两相遇，就看看对方是否与自己匹配。

词语	定义
Geneva	非常清晰的罗马字体，美国独立宣言就是使用的这种字体。
Garamond	1931年为《时代》报纸设计的一种传统的稀疏字体。它无处不在，却单调乏味，似乎有意保持低调。
Comic Sans	非常类似于Times New Roman字体，但是衬线略宽。
Times New Roman	简洁干净的瑞士字母，反映了现代主义特征。
Georgia	看起来像是11岁孩子写的，圆滑流畅，毫不意外，这种字体会让字母表更有吸引力。想象一下，给每个字母涂上不同的颜色该有多漂亮。

当然，准备这些纸条需要消耗很多时间，所以你可以把打印好的表格发给学生，让他们自己把每个词条剪下来。

11. 佩尔曼式记忆训练法

你可能从小就在玩这个游戏，当时你或许会称之为“注意”或“结对子”（希望你现在不再沉迷于此，因为这是个不好的标志）。

和孤独者玩的扑克游戏一样，学生们将写有关键术语或其定义的多张卡片打乱反扣在课桌上。第一个学生翻起两张卡片，如果它们正好是匹配的术语和定义，就喊一声“好”，并将这两张卡片放在一边，继续翻两张卡片。不过大多数情况下，第一个人翻到的两张卡片并不匹配，于是轮到第二个人接着去翻。如果他翻到的一张卡片与第一个人手中的某张卡片匹配，他就可以得意地把对方手中的牌拿过来，宣布自己成功配好了一对卡片，然后再翻一张卡片。这样轮流翻动，等全部卡片都被翻完之后，手里卡片最多的人为赢家。

到现在，本节已经有点啰唆了，不过还要再补充一句：这个活动有一系列吸引人的变种。

- **只翻一次**：即使匹配成功，也不能再多翻卡片。
- **精巧放置**：将卡片有字的一面朝下，放在矩形框里面。
- **意大利式**：将卡片随意放在地板上。看清楚没有？是地板上！随意放。年轻人，我可不是在开玩笑。

12. 学生分组抽问法

让每个学生在一张纸条上写一个与学习内容相关的问题，收集起来交给老师，老师将这些纸条放进一个盒子里。

将学生们分为两人、三人或者四人一组，从盒子里抽出纸条进行相互提问。他们必须要在30秒内说出答案，然后进行下一个问题。

如果他们回答错了，那也没关系，因为他们并没有交流各自写的问题，没有人会知道别人答错了。

13. 开展问答竞赛

一种古老的课堂活动就是“谁想成为百万富翁”这种竞赛性质的活动。它是对学习的一种测验，是一种竞赛，令人兴奋而广受欢迎。小竞赛通常是有趣的，不是吗？它们是有价值的竞赛。这种竞赛有关学习，是每个人都要参加的活动。因此，这也并不是那么开心，它毕竟是有关学习的比赛，因为这一点，它甚至有点令人讨厌。

一种更加符合认知规律的方式，是让学生们设计有关学习的问题。假设他们自己是命题人，为某些看似无趣的课程命题，而在平时学习这些课程的时候，大家总是觉得度日如年。这样做已经足够，但如果你想要更加充分地运用这种方法，可以将学生们分为两人一组，让他们设计问题相互提问。

更进一步的方法是区别对待，按照不同程度设计出一系列问题，比如难题/中等难度题/简单题，或者死板的/常规的/书呆子的，或者特殊的/主流的/极端的。看看他们有多喜欢你这样做！每个人都能从中找到适合自己的类别，才会积极行动，给出你预想的反应。

14. 我说你猜游戏

这是一项招人喜爱的活动，尤其为那些擅长地理知识的老师所喜爱。如果你还没有理解它，请把课程的一些关键语句写在纸条或卡片上，交给学生们。把它们放进书包或者盒子里，然后让学生们三两人一组开始行动。一个学生抽出一个词语，解释它，可以使用肢体语言，但不能说出这个词语，而同组的其他学生开始猜这个词语。让学生当着全班同学的面来尝试这项活动，可以完善他的口头表达能力，也有助于培养他当众讲话的心理素质。最好要有时间限制。

15. 酒令游戏

我的兄弟和我每年都会在圣诞节玩一次这样的游戏，从未间断。我们坐在房间里，每人面前摆一瓶酒，一边行酒令，一边喝酒。如果酒喝完了，我们当中就要有一个人离开房间，然后回来敲门，让另一个人猜是谁，不过这并不很容易。

我并不建议你在教室尝试这样的游戏。首先，我的兄弟每天忙于修水泵，周末也难得休息；其次，哪怕你的学生喝第一口酒之后会很听话，不久过后就会受到酒精刺激，深陷其中不能自拔，10分钟后彻底变成笨蛋。

在课堂运用酒令游戏的方式，目的就是要把本来晦涩的知识变得更有趣。这里，推荐给大家一个好游戏（我20年前在安达卢西亚玩过它，当时酩酊大醉，现在几乎都回忆不起来了）。这个游戏是这样的，第一个人必须说一个大家都知道的名字，比如哈罗德船长（Harold Shipman，英国连环杀人的家庭医生），第二个人必须接着说出另一位名人的名字，其首字母应该是上一个人名的结尾字母，比如对刚才的名字可以用“诺曼·柯立尔（Norman Collier，英国北方著名喜剧演员，以模仿小鸡和假装手机坏了而闻名）”来接。然后，第三个人又要接第二个人所说的名字，比如说罗伯塔·莫利（Robert Morley）。现在你应该清楚规则了，谁不能在一分钟之内接上一个人名，他就得被罚酒。

在课堂上，我们只需吸取这个游戏规则的精华，譬如，让一个学生说出本节课学了些什么，下一个人必须用前一个人句子的最后一个字母开头，如此循环，主题必须紧紧围绕本次课的复习内容。

16. 查找错误法

发给学生以下材料：

从前，有一个苏格兰贵族，名叫麦克白。他是薛尼尔的儿子，薛尼尔是最受爱戴的考德领主（这里有两处错误，薛尼尔是葛莱密斯领主，说考德领主最受爱戴也纯属虚构），他最好的朋友是班柯（这里有一处错误，人们常说班柯和麦克白是搭档，但并没有任何证据表明他们之间的关系超出同僚之上）。在一次凯旋的路上，他们穿过一片沙漠（这里有一处错误，是一片树林）时遇到了三个类似女人的东西，但它们又长着八字胡子（这里有一处错误，是络腮胡子）。它们为麦克白和班柯分别做出了三个预言（这里有一处错误，所谓的三个预言，第一个已经发生，麦克白的父亲当时已经去世，麦克白继承他的爵位顺理成章，而且他也已经继承了。有关班柯的前两个预言也不能称之为预言，所谓的“比麦克白更伟大，也更渺小，更幸福，也更不幸”，事实上并没有预言任何事情。他很难比麦克白更幸福，他最终头部受伤50处被杀），它们说，麦克白终将成为国王，而班柯本人虽然不会成为国王，但他的后代将会成为国王。

麦克白接受了登上王位的想法，写信将预言告诉妻子，她也同样深信不疑，并且立即开始策划谋杀国王马尔科姆（这里有一处错误，是国王邓肯），而国王因为种种巧合，在麦克白的城堡过夜。

这种技巧非常简单，但正如你从以上例子中所看到的一样，它亦很有趣。老师写一段文字，包含一些故意设置的陷阱，然后以书面或口头的方式与学生们分享这段文字。活动具体的可行性和逻辑性，完全取决于你。

17. 重新排序游戏

在过去，这曾是一个地地道道的模拟任务。将一段文字剪成纸条，装进信封或者用燕尾夹夹在一起，发给学生们。在课堂上，要求学生们把这些打乱顺序的纸条重新排序，拼接成它们原来的样子。现在，有了文字处理软件的帮助，你不必再花费整个周末的时间去剪纸条、装信封，只需要将一个Word文档中的内容打乱顺序，剪切粘贴到另一个文档中，打印出来发放给学生即可。

令人高兴的是，现在这种方法较之以前的模拟版更加符合认知特点。在原来的纸质方法中，学生实际上甚至都不用仔细阅读小纸条上的文字，仅凭剪切下来的各纸条的形状、边缘，就可以将它们拼起来，如同用一张A4纸做拼图玩具一样。而现在，电脑在教学中的普及帮我们消除了这一缺陷。例如，你自己尝试一下能否按照时间顺序将下列事情重新排序：

三次超过期限。
注意，有关课堂开始和结束活动的书并没有那么差。
提到下一本书的写作主题，感觉有点不知所措。
在他们为你递上合同的时候，做出失望的表情。
花费六个月的时间，殚精竭虑想把枯燥的内容写得生动起来。
决心在下一本书中写点你认为有趣的内容。
意识到，你曾写过自己认为课堂开始活动完全是浪费时间。
认真阅读大量枯燥的有关元认知的研究论文。
到亚马逊网站淘书。
建议你为出版社写一本有关课堂结束活动的书。

18. 以答案巧妙引出问题

譬如说，答案是“下个周末，和你妈妈一起”，相应的问题是什么呢？把问题想简单一点。答案是“什么时候去看雄性知更鸟（亦可指格里高利·派克主演的好莱坞电影）？”，问题又是什么呢？

其中的双关意味会激发出别样的趣味，可以作为有效的课堂结束活动。它的好处在于易于准备，同时能够诱导学生使用流畅的英语，沉浸在深层次的讨论之中。不过，易于准备是它的主要卖点，只要将学生们分为两人或三人一组，使用课程中的关键字作为材料就行。以八年级美术课为例，我们可以给学生出下面这样的双关谜语题：

1. 答案是“控制”，问题是什么？

2. 答案是“模子”，问题是什么？

3. 答案是“观察”，问题是什么？

4. 答案是“覆盖”，问题是什么？

在此你会发现，它包含特有的微妙区别，其双关意义会引起学生们的强烈兴趣。它们又可以分为三类：课程类、字面意义类和荒谬类：

1. 答案是“控制”，和本课知识有关的问题是什么？

2. 答案是“控制”，从字面意义来讲，问题是什么？

3. 答案是“控制”，什么样的荒谬问题会得出这样的答案？

你并不需要我为这些问题提供答案，亲自尝试一下吧。

19. 图表示意法

把文字的课堂知识用图表的形式表达出来，也是一种令人开心的活动，最有名的一种便是乔尼·维恩在19世纪80年代发明的。你应该知道维恩图的样子：两个部分重叠的圆圈分别表示一个元素属于两个集合之一，同时属于两个集合，或者两个集合都不属于（在这种情况下，两个圆圈没有交集，互不相交）。它们必须包含重叠部分，但是维恩图的近亲——欧拉图则不是必须重叠的。我不会再浪费你的时间了，以下是直观的形象解释。

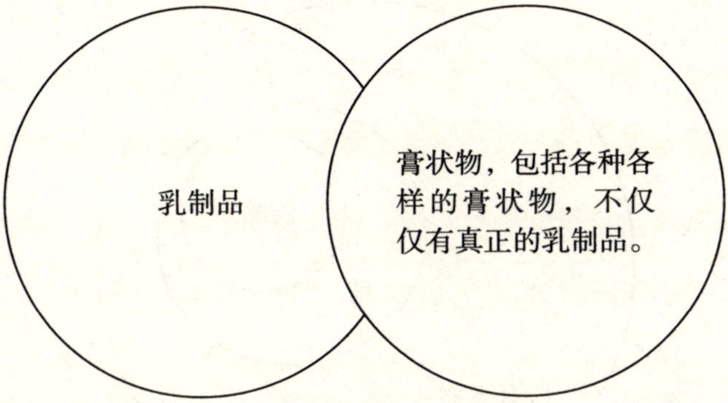

膏状物与乳制品之间关系的维恩图

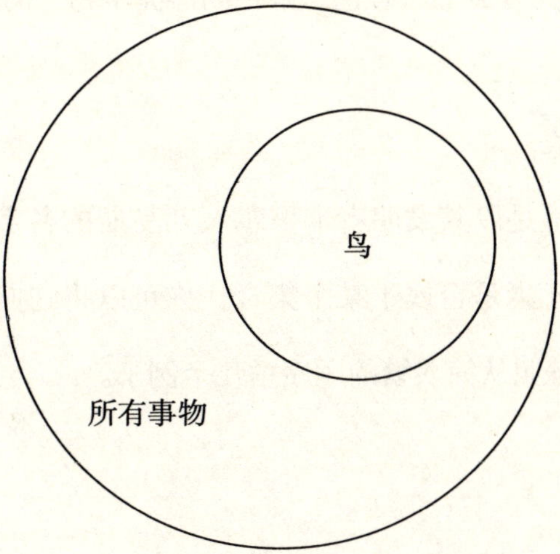

有关“所有色彩鲜艳的漂亮事物”的欧拉图

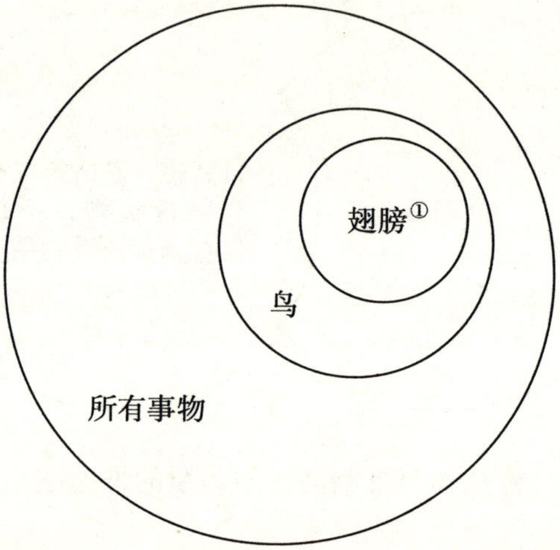

更复杂的有关“所有色彩鲜艳的漂亮事物”的欧拉图

卡罗尔表

这种表格是以其发明者卡罗尔·刘易斯的名字命名的，它表示了某些元素是否属于某个集合，你可以将它们扩展得非常复杂。这里按照从简入繁的顺序举几个例子。

① 这简直有趣极了！它出自喜剧演员李斯图尔特之口。上帝创造了你看到的所有事物：鲜艳的色彩、小翅膀等等。

例一：

鱼　类	非鱼类
黑线鳕 鳕　鱼 大马哈鱼 雅罗鱼	哈瑞宝软糖 惠特比镇居民 雪莉 · 康兰 雅明 · 雷德克纳普 枯燥乏味

例二：

事　物	非事物
轮　胎 裤　子 发射键 智　慧	

例三：

	同性恋	异性恋
滑稽的		李斯图尔特 西蒙 · 蒙纳里 阿尔 · 莫瑞 维克和鲍勃
不滑稽的	阿兰 · 卡 四基友钢琴组合 格拉汉姆 · 诺顿 容娜 · 卡梅伦 苏 · 帕金斯（女喜剧演员） 朱利安 · 克拉里 大卫 · 威廉姆斯	理查德 · 亨利 大卫 · 威廉姆斯

例四：

	没有天赋	天赋一般	很有天赋	大　师
白人	莉莉·艾伦 吉姆·莫里森 罗宾·威廉姆斯 盖瑞·巴洛	娄·里德 米克·贾格尔 波诺	约翰·列侬 艾米纳姆 科特·柯本 艾尔顿·约翰	
黑人	乔丝·史东	鲍勃·马利	公敌乐队	吉米·亨德里克斯 史提夫·汪达 比·比·金 艾尔·格林 马文·盖伊 迈尔斯·戴维斯 赫比·汉考 雷·查理斯 艾瑞莎·弗兰克林

因果图

因果图也称为鱼骨图，日本的川崎船舶公司最早使用了这种图表，我们将其引入教育领域，来揭示原因与结果（见下页图）。

意识图

意识图的起源非常古老，它的图形太大，似乎也不好精确地应用于课堂结束活动，但经过改良，这主意也会不错：给每个孩子一张A3纸，附在他们的作业本后边，每节课最后10分钟，请他们将自己在学习中的整个思维过程以意识图的方式记录下来，重点记录那些在这节课上学到的新知识。这些意识图可以直观而形象地提醒孩子们，近半个学期里都学了哪些知识。顺便提一句，并不是整个学期的学习内容，那么丰富的内容估计一堵墙都写不下。

20. 间隔重复法

这个想法来源于戴维·考克斯在《监护人教育》上发表的一篇文章，他是一名研究神经科学的学生。他明智地指出，如果你在复习的时候听音乐，就有可能给大脑施加太多的压力。

例子：当前找不到工作的原因

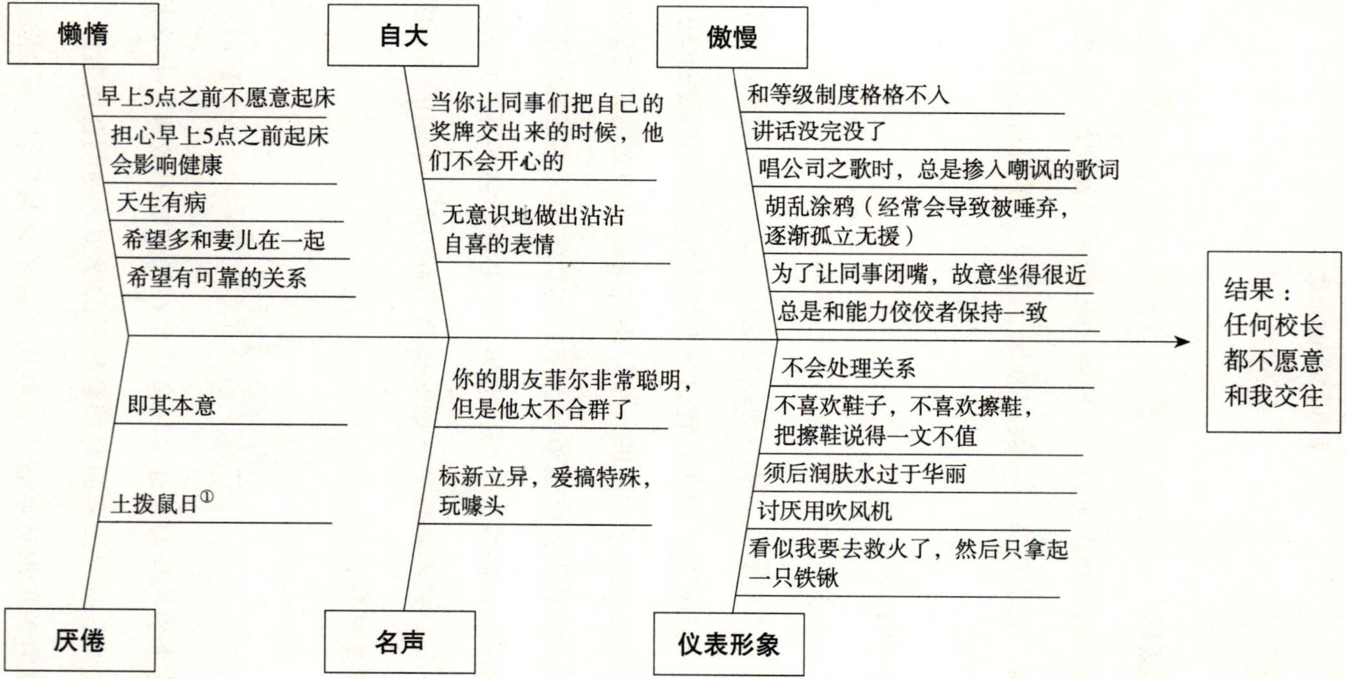

① 土拨鼠日：1993年2月12日上映的美国经典电影。主人公菲尔是位气象播报员，在前往名叫普苏塔尼的边境小镇报道当地的土拨鼠日庆典后，回程途中遭遇一场突如其来的暴风雪而留宿当地，结果第二天醒来意外发现时间仍停留在前一天土拨鼠日，昨日的一切重新上演。不管如何度过，他都始终无法再前进一步，开始了重复的人生。

考克斯提醒我们，记忆是基于大脑神经系统的，它有数十亿的神经元，通过断开或建立细胞之间的联系，实现不断重构自身的功能，这些神经元之间的通路可以通过强化模式的重复行为来加强。从科学的角度来讲，对此饶有兴趣的教师可以运用他们的联想与激情来增强学生的记忆力。考克斯提出了这样一个“间隔重复”的概念：

科学告诉我们，最佳复习时间是在即将忘记的时候，而且你回忆的越多，记忆就会越强大，你应该按照指数延长每次的等待时间——先是几分钟以后，然后是几个小时以后，然后是一天以后，然后是几天以后，这个技巧被称为间隔重复。

这个道理还可以解释，为什么你会在临时抱佛脚参加考试之后，很快就会忘记死记硬背的那些内容。因为记忆的指数曲线没有得到延续，强化记忆的流程被逆转，所以几周之后，勉强记下的所有知识便会消失得一干二净！

这简直是人类的噩梦。想要让学生牢牢记住所学知识，以两周为例，在这段时间里，每当使用间隔重复法来开始一项新工作（或者当你快速复习，引导学生们回忆起一些必要知识点的时候），你的课堂结束活动安排应该是这样的：

时间	活动内容
周一（1）	标准课堂结束活动，回忆周一（1）学习内容
周二（1）	标准课堂结束活动，回忆周二（1）学习内容， 复习周一（1）学习内容
周三（1）	标准课堂结束活动，回忆周三（1）学习内容， 复习周二（1）学习内容
周四（1）	标准课堂结束活动，回忆周四（1）学习内容， 复习周三（1）学习内容， 进一步复习周一（1）学习内容
周五（1）	标准课堂结束活动，回忆周五（1）学习内容， 复习周四（1）学习内容， 进一步复习周二（1）学习内容
周一（2）	标准课堂结束活动，回忆周一（2）学习内容， 复习周五（1）学习内容， 进一步复习周三（1）学习内容
周二（2）	标准课堂结束活动，回忆周二（2）学习内容， 复习周一（2）学习内容， 进一步复习周四（1）学习内容
周三（2）	标准课堂结束活动，回忆周三（2）学习内容， 复习周二（2）学习内容， 进一步复习周五（1）学习内容
周四（2）	标准课堂结束活动，回忆周四（2）学习内容， 复习周三（2）学习内容， 进一步复习周一（2）学习内容， 附加复习周一（1）学习内容
周五（2）	标准课堂结束活动，回忆周五（2）学习内容， 复习周四（2）学习内容， 进一步复习周二（2）学习内容， 附加复习周二（1）学习内容

初看起来，这像是一种令人煎熬的过程管理，因为随着时间的流逝，你的课堂结束活动复习内容会逐渐增多，直至有一天超过负荷，难以为继。然而，这种做法是有逻辑基础的，如果我们真心想要学生牢记课堂上学习的知识，从结果的形式来看，特别是从考试的角度来看，这种做法是非常有效的。

21. 课堂结束活动的“结束活动”

这个想法基于菲奥娜·劳顿的研究，她是坎布里亚大学数学教育专业的高级讲师。从2002年到2003年，菲奥娜为她的硕士学位进行了一项小规模的实验，该研究非常生动地表现了课堂结束活动是怎样发生效应的，以及在它们的帮助下，学生对知识的理解程度有哪些变化。在实验中，教师分成对照组和实验组，她没有向对照组的老师教授如何组织课堂结束活动，只让他们按部就班地进行与课程相关的学习，而对实验组老师的课堂结束活动施加了干预，帮助他们理解结束活动的构成，明确了课堂结束活动可能潜在的效果。菲奥娜最终详细提出了课堂结束活动会产生影响的五种不同的学习域，它们是社交领域、情感领域、数学领域、元认知领域以及经验领域。

社交领域是指学习者与他人之间的关系，包括小组交流、团队协作、他人刺激等。情感领域是指学习者与自身情感状态的关系，以及这种关系对他们学习的影响，比如遇到难题时的感觉、如何处理自身感受到的失败情绪。特定的课程领域，比如数学领域，则显然是他们从课堂上学到的课程知识，特别是那些从课堂结束活动中学到的知识。元认知领域（很明显与情感领域相关）是对他们自己学习技巧的反映，而经验领域则特指学生们学习的事实，以及他们应该如何积累专业知识。

我们可以使用劳顿的研究标题作为框架，实施课堂结束活动，以便达到我们的期望，促进学生各个领域的发展。

所以，有关课堂结束活动的“结束活动”，只需要询问学生这几个问题，让他们结对或者分组思考即可：

1. 通过本节课，我们是否学到了如何与他人相处的知识？

2. 学习时，我们是否学到了一些有关自身情感的东西？

3. 我们从这门课中学到了什么？

4. 我们从学习这一行为中学到了什么？

THE BOOK OF

PLENARY

3

第三部分

元认知入门

Metacognition for Beginners

第三部分
元认知入门

约翰·H. 弗雷维尔曾说：我坚信，人们对认知的了解远不够充分，更遑论过多，总体而言，倒是知道的太少了。

一般人读到这句话，都难免会流露出一丝不快，但弗雷维尔是元认知领域的顶级权威之一，因此他的观点虽然不中听，却依然值得我们认真体会，以便从中得到有益的教诲，应用于我们的课堂，而这也恰恰是本章的精神所在：了解学者们的相关研究，看看能否从这些空洞的篇章中找到有用之物，试着在学术研究和教学实践之间搭起一座沟通的桥梁。

前边的章节已经充分阐述了本书的意图，我们还介绍了一系列为数不多的课堂活动，便于大家在课堂的最后10分钟里运用它们。但是，不妨借用20世纪70年代喜剧演员吉米·可里克特的一句话，“还有更多值得学习的”。如果课堂结束活动确实是一种不错的教学策略，本书实际上是一系列调用元认知想法的尝试，力图把课堂结束活动搞得更好。

如果本书中有能为你所用的内容，能够让你的学生大幅提升他们的学习能力，或者多少能够重塑老师的教学理念，那么我们就必须介绍一些相关研究，并给出一些建议，告诉你如何将这些研究成果应用到课堂环境中，帮助你的学生更好把握自己的学习。

首先，让我们来看一看，为什么老师们会想要引入元认知的想法。在萨顿·托拉斯的工具包（它能够清晰地看出不同教学策略所产生的效果及其花费的代价）中，将元认知和自我调节策略列为提高学生学习效率的两种最有效方法。在“它的效果如何”一节中，作者说道：“元认知方法具有非常高的持续影响效果，其影响效果指数可达0.59～0.73，相当于在一个一百所学校的排名中，将排名第50位的学校提升到第25位左右。更令人鼓舞的是，有证据表明，它对那些学习能力较差的小学生尤其有用。使用8个月之后，其影响指数可达0.67。”

现在，你或许会问到，怎样才能提升学校的排名呢？这答案可从哈蒂关于元认知的报告中找到，那就是瞄准提升能力的元认知方法。

那么，这些认知方法是什么呢？萨顿·托拉斯这样描述元认知和自我调节：

教给学生们计划、监督和改进他们自身学习的方法。这些方法在小班教学中尤为好用，这样学生们可以相互支持，在讨论争辩中促使彼此的思维更加清晰。自我调节是指一个人控制自己学习的动机，以及思考和推理时的认知过程。

他继续评估道，这种方法所产生的学习效果非常明显，而给学校带来的潜在代价却很低。

虽然这种断言将元认知描述得像万灵神药一般，但我们以极大的热忱进行精确调查研究之后，依然要承认他说得很专业。其潜藏的令人不悦的方面，或许可以解释为什么这是我们首次专门讨论元认知，因为每当老师们看到象征希腊语或者拉丁语前缀的五音节前缀时，他们就会认为这是科学或者说实验心理学的真理，但事实并非完全如此。尽管元认知确实有很多好处，但并不是一刀切的，我将在稍后解释这一点。

为此，我们首先要对动机理论及其与学生成功学习之间的关系进行简要概观，然后检查学生们为自己确定的目标（或者潜意识中的目标）会对他们的元认知能力产生怎样的影响。

动机理论

动机理论研究一个人想要完成一项学习任务的动机，并大致将其分为两类，一种是想要掌握某门知识或技能的欲望，一种是追求表现的欲望。掌握知识或技能的欲望，是指学生从学会知识中得到满足的感觉，而不受成绩之类外在表现指数的影响，与之相伴的，是对学习更深的投入，以及面对困难挫折时，更加坚忍不拔的毅力。这就好像你为了俯瞰世界而去登山，不到山顶就只能被世界俯瞰。追求表现的欲望则不一样，在这种情况下，学生们根据自己与他人之间的相对表现情况来评价自己，在这时候，获得比同学或者对手更好的分数，才是他们学习的关键动力。掌握知识或技能的欲望是发自内心的内因，而追求表现的欲望却是和外来回报相关联的外因，从学习的角度来看，将掌握知识或技能作为目标，要远远好过那些追求表现的学习动机。

卡普兰和迈尔在论文《动机理论的贡献与前景》中，检验了学习领域中各种理论的演进与辩论，他们将“掌握知识与技能”和“追求表现”之间的区别，定义为“发展能力”和“展示能力”的区别。可以相信，一个不断发展自己能力的人，要比另一个追求展示自己能力的人更成功，因为后者所展示的能力，很可能是没必要的，而且通过一些虚夸浮饰，可以达到同样的效果。

相比展示（甚至是表演）能力的目标，发展能力的目标可以激发出更多的积极产出，比如个人能力、坚忍不拔、爱好冒险、自主学习、积极情绪，以及健康幸福等等。

相反，追求欲望的动机，可能会在一个人十八岁的时候，将其引入吸毒成瘾、滥性的深渊，还可能会导致人神经紧张、多愁善感，难以满足却喜欢说谎作弊，或者只是才疏学浅。面对失败的时候，这种人可能会给自己一记重重的耳光，几乎可以粉碎地球，但是地球依然如故，他内心深处粉碎的自尊却可能永远无法恢复。

在卡普兰和迈尔看来，希望被他人看到、得到他人评价的自尊心，会产生两种欲望：展现光芒或者潜藏守拙。前者是指希望他人看到自己好的一面，得到他人的正面评价，后者是指希望自己不好的一面不被他人发现。两者都是为了让自己显得更聪明、幽默、性感，或者其他我们认为值得他人艳羡的品质。

当然，据研究，这些事情都可能会遇到种种小差错、小问题或者不合规律的情况。如果将掌握知识或技能作为你的目标，可以帮助你在更复杂、更开放的任务中取得高分，但是它在理解性的多项选择或者字谜游戏中意义不大。卡普兰和迈尔还引用了克里斯托芬·乌曼的一个元分析结果，它提出了一些与动机理论相对立的观点，可能值得作为客观的参考。

- 总体来说，掌握知识或技能的目标对学生学习表现所产生的效果，不及追求表现的目标。
- 当任务比较复杂的时候，掌握知识或技能的目标可以取得更好的效果。
- 当任务很简单的时候，掌握知识或技能的目标几乎没有效果。
- 同样使用掌握知识或技能的目标，较为年长的学生或者成年人效果好于幼儿。
- 同样使用掌握知识或技能的目标，在群体环境中比独处环境中的效果更好。

很明显，群体环境包括在教室的时候、竞赛评比的时候、分组协作的时候，等等。同样毋庸置疑的是，年长的孩子，特别是在进行复杂任务时，可以从不同的动机中获益不等，而正确的动机一旦被充分理解，就可以为他们的元认知学习构筑坚实的基础。

动机和元认知

黄杰夫的论文《构建学习模型的电子文件夹：动机和元认知策略》生动有趣，值得一读。如果你认为有趣的文章反而非常无聊，那么请看一看作者有关三种动机的论述，以及它们对学生产生效果的更进一步假设。黄先生和他的同事将三种动机的效果与学生元认知/自我调节方法的作用效果及范围联系起来，认为掌握知识或技能的欲望必然会产生正面效果，而那种不要让自己显得太傻的想法（避免某种表现），却会对学生的自我调节产生负面效果，最有趣的是，炫耀的欲望产生的效果虽然不全是负面的，却也差不多。

“好吧，然后呢？你已经阅读了一篇研究文献。赶快开始关键内容吧。”

关键就是，如果想要培养学生的元认知学习和自我调节能力，我们就必须先教给他们什么样的动机才是正确的。他们必须以精通某项内容为目的去开始这项任务，而不是给他们描述一大堆诱人的外部回报，或者说别人是怎么看待他们的。

说句题外话，我之所以选择这个几乎不会令人激动的主题，来撰写我的第七本教学著作，不是为了销量（好在，市场销售人员喜欢我的书，他们推荐说“如果你今年只能买一本在课堂结束活动中运用元认知方法的书，那就一定要买这一本”），不是为了在那些对课堂结束活动感到好奇的媒体上大幅曝光，也不是为了好不害臊地展示魅力，只是因为我想要尝试一个极具挑战性的题目，看自己能否掌控它。我对自己的元认知能力充满自信，认为自己可以坚持将这样一本无聊主题的书写好。

现在继续黄先生的观点：如果我们同意学生们的动机应该是掌握知识或技能的欲望，那么在课堂结束活动中，就应该设法提高学生们的元认知能力。这听上去很美好，不过，它又会导致另一个问题：是的，我早已明白这个道理，只是到底什么才是元认知呢?

“元”（meta）的含义

有趣的是，我所见过的对这个前缀最好的定义是这样的：它被用来“表明一个概念，而该概念是另外一个概念的抽象化”。这个定义非常精致，尽管它本身所代表的那个字可能更加准确，也更加精致。

它的词源来自一个古希腊介词，表示“……之后”、“……之外”、“与……相邻”，同时也有“本身”的意思，维基百科上的词条还说它有“关于（本身所属的类别）”之义。总之，元分析，就是对一个分析的分析，元艺术，就是艺术的艺术，一部元喜剧，是一部有关喜剧性质的喜剧，读者也可以依此推理说，你现在正在读的这本书是元琐碎的。

所以元认知，就是有关认知的认知（有关知识的知识、有关思考的思考、有关认识的认识），科学家们早就思考过这个问题，并在当时认为它是“人类存在的一项关键特征”，不过后来他们发现，老鼠实际上也会在某种程度上意识到自己知道多少东西。元认知并不是弗雷维尔首先定义的，但他的定义依然具有重大影响：

元认知是指一个人对其自身认知过程或相关事物的认识，例如，关于信息或数据的相关学习特性。比如，如果我发现自己学习A比学习B更困难，或者突然意识到在接受C为事实之前需要反复检验它的正确性，那么我就是在进行元认知。元认知，是指对事物认知过程的主动检查、调整、策划，通常带有某种明确目的或目标。

人们很容易会把元认知与认知混为一谈，而它们两者也确实有交叠之处。就这个抽象问题，加仑法罗和莱斯特在一篇题为《元认知、认知监督和数学成绩》的论文中，给出了一个相对简单的区分方法："认知是做这件事，而元认知是选择、策划要做什么，并去监督做的情况。"例如，罗特在学习，这是一项认知任务，因为它会带来知识的增长，但它并不属于元认知，当然，如果他一边学习，一边想学习有多无聊，那就是元认知了。

元认知包括三个子集：知识、实践和调节。

元认知知识

弗雷维尔将元认知知识描述为"人存储的一些客观知识，它们是关于人的认知特征，以及不同的认知任务、目标、行动和经验的”。他声称，这些存储的知识可以分为三种相互作用的要素：人、任务和方法。

有关人的元认知知识

有关人的知识，是指人们对自身以及他人有关怎样学习的想法的知识。例如，在我头脑中有这样关于自己的元认知知识：我在听音乐的时候写作能力更强，但在没有音乐的时候做研究更好，而在喝半瓶西拉红酒之后半小时，写作思路最为流畅（或许以后我去商店买酒时，可以直接说“请来一瓶元认知调节饮料”）。与此同时，我还有一些有关他人比如说我学生的元认知知识。我知道，如果茱尼娅弄不清楚某个问题时，她会轻易放弃，而法雷尔会寻求他人帮助，史蒂夫则倾向于慢慢起步，自己花几天时间去思考，在此期间几乎不可能让他做其他任何功课。

正是对他人的元认知知识，帮助我写作了本书。从之前写书的元认知实践中，我意识到，只是坐在电脑前盯着屏幕，看到或想到一些材料就写下来，那样的文字毫无生气，不过是原始材料的整合过程。对他人的元认知知识，使我理解到如果仅仅是从原始材料中剪切粘贴，只能叫作剽窃，只能给我招来批评与责骂，对于我来说，更好的方式是将材料打印出来，离开电脑，认真阅读材料，深入思考，时不时做些笔记，半小时以后再回到电脑前，任凭思绪喷涌，沉浸于创作的快乐之中。

有关任务的元认知知识

有关任务的元认知知识，与我们面对的活动密切相关，包括一系列相关的快速判断。任何事情都需要我们做出抉择，比如这项任务是难还是易？如果难的话，有多难？我们之前进行过同样的任务，或者明显相关的任务吗？怎样才能利用之前的知识帮助我们完成此次任务？我们之前使用的哪些方法可以应用于此次任务？完成此次任务大约需要多长时间？我们是否有足够的相关信息？任务是否得到了充分说明？我们是否知道自己需要些什么？弄清这些有关任务的元认知知识，我们就会顺利进入第三个元认知知识阶段。

有关方法的元认知知识

完成一项任务所使用的方法，不可避免地要依赖我们所掌握的相关元认知知识，而我们采取的方法，又可以分解为目标和行动两个部分。

在目标部分，为了完成一项任务，我们可能会有一大堆包罗万象的评价指标，但最好的方法，还是要把任务分解为一系列子目标，例如，我要读完两页书，然后回顾自己的读书进度。一旦确定了子目标，我们就可以进入选择方法的领域了。利用我们既有的元认知知识，可以判定这个时机适合使用这种方法还是那种方法。弗雷维尔用一个简单的例子说明了这一点："例如，儿童们可能会相信，学习并记住大量信息的一种好方法，就是用自己的话来复述它们。"他相当坚决地肯定了元认知知识对于任何学习者的影响："它可以引导你选择、评估、修正或放弃一项认知任务。"

还有一个有待解决的问题，就是人们进行任务时调用元认知知识的方法，到底是有意为之还是无意使用的，而这对它们的效果究竟有没有影响。谈到这两种调用元认知知识的不同类型，弗雷维尔认为："其中的一部分可能是有意识地进行记忆搜索的结果，例如人们有时候会特意寻找一种有效方法。另一方面，无疑也是更常见的情况，人们是在任务环境中，无意识地抓住了某些特点，从而自动去调用不同的元认知知识。"他继续阐述道，是否有意调用元认知知识，是任务成败的关键：

哪怕元认知知识是在无意中被调用的，它依然有可能影响认知行为的过程。换句话说，它可能会演变成为或者导致有意识的实践经验……最终，就像孩子们学会的其他知识一样，它可能是不精确的，可能会在需要的时候无法调用，可能会在被调用的时候产生不了任何影响，可能产生的影响带不来什么好处或者调整效果。

在外行人看来，这些内容可能有点太难了，好在它还有更简洁的说法：

- 一个元认知目标是由一系列子目标组成的，只要达成了这些子目标，就可以完成任务，哪怕是很复杂的任务。

- 我们在确定目标之后，会调用元认知方法，也就是我们用来完成任务的途径。

- 这些方法可以是有意搜寻的，但更可能是在无意中选择的。

- 有时候你使用什么方法——不论是有意为之还是无意而为，它们可能都没有用。

元认知实践

你所进行的所有认知任务都是，或者应该是（或者包括）认知实践。在完成一项任务的过程中，你会在某些时候开始思考做事的过程：你会感到困惑，也可能会感到无聊。

学生：老师，我讨厌做这件事。

老师：不，你并不是讨厌这件事，你只是在经历有点消极的元认知实践。

学生：什么？

甚至连因为太难而放弃一项任务，愤愤地把全部有关失败经历的书都扔到墙角，也是一种元认知实践。同样，得到启发的时刻、发出疑问的时刻，都是因为你在思考这项任务，甚至“苍天啊，这篇晦涩的论文，我已经艰难地读完五页了”这样的心声，也是一种元认知实践。

看起来，元认知实践这个概念似乎可以一分为二，其中一个子类是容易分解的成分，暗示着形而上学：元认知实践不仅是一种认知任务（包罗万象的叙述实践），但在导致任何认知叙述的过程中，都有大量的、炫目的元认知显现，它们本身都是实践。这些实践可能与当前的努力相关，也可能不相关，但最终都以某种方式影响或调整了个人的元认知知识。

我辅导学生的一种方式，是让参加GCSE（普通中学英语认证考试）的学生进行模拟考试练习。这是我在考斯顿一所学校教书时的发明，PiXL俱乐部（一个校长俱乐部）借用过去加以运用，多多少少取得了一些成就。我花了一整年时间，和学生们在一个漏风的大厅里一起练习，搞得这些学生恨不得自己从来没有进化出手指来。实际上，这项考试更多的是在考验学生们对试题类型的把握，而不是考验他们的智力，第一次参加考试的学生遇到的问题，其实是在这种高压考场环境中，缺乏足够的元认知实践，而又无法调动必要的元认知知识，去选择恰当的方法，发挥出自己的正常水平。在模拟考试中，我们告诉学生们做完全部题目的确切时间、必须为下一道题目预留的时间、必须开始下一道题的时间，以及他们书写答案的时间，等等，通过这些练习，我们教会了他们有关如何在这种特定考试中取得好成绩的元认知知识。因此，这里的元认知实践是一种训练，学生们为了在高压环境中发挥出水平，必须主动或被动地接受这种模拟训练。说到这里，你教给学生的任何元认知实践都可以与足球运动员的训练相比较，后者需要不断在比赛场地反复练习同样的动作，以此来培养所谓的“肌肉记忆”。元认知知识也是一种肌肉记忆，只不过这里扮演肌肉角色的是大脑。

很明显，任何元认知实践都会毫无疑问地影响元认知的另外两个要素。从定义上来说，课堂结束活动就是一种元认知实践，而我们作为一系列实践的组织者，目的就是要帮助我们的学生培养未来的元认知调节能力，扩充他们的元认知知识。

元认知调节

元认知调节，就是人们在进行学习实践的时候，用来控制自身以及对外界的反应的过程：怎样监控自己创建并保持记忆的过程；怎样调节自身行为，以便最大发挥潜力，使自己处于最佳学习状态。这可能是很简单的行为，比如提醒自己保持精力集中，或者意识到自己需要休息了，因为大脑已经接收不了任何新信息了。

相关研究人员提出了多种不同的元认知调节方法，但都可以归为三类：计划、监督和调整。

计划

属于计划范畴的行为包括很多种，比如设定学习目标，在读书之前先进行大概浏览，并提出一些问题来，在阅读过程中加以解答。弗雷维尔写道："快速从不同方向加以思考，来获得一个初步的想法，比如它们有多难、怎样记住它们等，这些都属于元认知方法。"这些行为可以帮助学生们有计划地使用元认知方法，调用既有知识，理解并组织材料。有人说，拥有元认知知识的人能够预见到未来路上的障碍，并加以规避；即使在混乱的情况下，他们也会为各种可能发生的结果做好准备，将学习视为一场博弈。一个使用元认知计划的人，在执行一项任务之前就会开始投入元认知元素，即会进行事先筹划。他们或许会扪心自问，哪些技能、哪些知识有助于这项任务的顺利完成，会思考自己的目标是什么，真正想要学习的是什么。最终形成一个计划，明确首先应该做什么，遇到挫折时应该怎么办。

这方面的一个权威，玛莎·拉维特，引用了阿兹维杜和克罗姆雷的研究，列举了计划的五个关键部分：

1. 计划时间和效率。

2. 调用既有知识。

3. 围绕目标进行搜索。

4. 评估哪些内容可以作为当前目标的答案。

5. 提醒自己牢记当前目标。

在课堂上，这些内容会产生怎样的效果呢？它会给学生们提供模板，帮助他们在理解元认知之初使用吗？我们不妨看一看。

给学生们布置研究型作业时，下面的表格是不错的辅助工具（见第116页），事实上，在执行任何一项任务之前都可以作为参考材料加以使用，它一定能鼓励学生培养自己的元认知调节能力。作为一项家庭作业，它或许最适用于那些年长的学生，因为他们会处心积虑地在课堂上偷懒，不及时予以调节的话，他们的偷懒就会演变成无尽的崩溃。

监督

监督行为包括自我检查，确保你在读书或者听讲座的时候，投入了足够的精力。例如，在学习的过程中，扪心自问自己对

元认知领域	关键问题	你的答案
计划时间和效率	你打算花多长时间来完成这项任务？ 你将如何确保你能最大化自己的工作效率？ 你会在某些时间节点休息吗？ 如果需要的话，什么时间休息，为什么？	
调用既有知识	你已经知道的哪些知识，是与当前任务多少有些关联的？	
围绕目标进行搜索	你在寻求什么？你将要到哪里去寻找它？如果找不到的话，你的替代品是什么？	
评估哪些内容可以作为当前目标的答案	你怎样才能知道你所找到的信息与你的学习目标是相关的？	
提醒自己牢记当前目标	你将怎样确保你记得这项任务？ 到什么阶段，你才会发现自己是否偏离目标了？ 你可以通过哪些关键细节或指标，判断自己是否偏离了目标？	

学习的理解程度、专心程度如何，或者检查自己对一次讲座的理解程度。在执行一项任务时，假设处于静止的状态中，我们来一段持续不断的内心独白，诉说任务的执行情况；我们监督自己的学习过程，鼓励自己继续前行，压制冲动的行为，或者屈服于它们而放弃学习。所有这些都是元认知监督过程的一部分（不过，对于这些问题有多大的实际作用，教育界还存有一些疑问，弗雷维尔提出过警告：在不加选择滥用的情况下，它也一定是利大于弊的吗？想想那些无效的强迫行为，就是因为对自己的判断不停地严苛评估而失去了意义）。

调整

调整方法，是指当你在监督中发现自己偏离了轨道时，为了让自己回归最近的一个正确学习节点所采取的措施。调整是一种自我纠正的行为，是监督的结果。

综上所述，这三种元认知方法，可以相互配合地帮助学生有意识地改正学习过程中的缺点，矫正他们的不当行为，提升他们的学习效果。

练习的力量

我们的目标是让学生学会自主学习，他们可以通过不断练习来做到这一点。哈蒂用优秀游泳运动员的例子来类比描述这个概念：

想要达到一种自主学习的状态，需要高度投入到大量有意识的练习活动中去，以提高表现。比如，游泳运动员一圈接一圈地游泳，就是为了在划水、转身和呼吸等几个关键动作进行不断练习。这种有意练习的目的，是为了专门提高某些方面的表现，更好地理解怎样进行监督、怎样进行自我调节、怎样评估一个人的表现，以及怎样减少失误。

游泳教练将这种自我调节的能力作为运动员取胜的关键所在："不能成功进行自我调节的运动员纪律性更差、动力更弱，表现出来的进取心也比较少，在训练的时候往往会错过一些提升自身水平的好机会。"

运动员终将走向成熟，摆脱对教练的依赖，靠自己独立决策，这个时候他们必须依靠自我调节。从某种意义上来说，老师也是一大群学生的教练，所以和教练一样，他们应该为学生提供机会，培养他们的自我调节能力，进而让他们为自己的学习负责。总的来说，组织这种明确而有规律的元认知方法练习，会增加学生在学习领域的主动性，进而引导他们像训练有素的游泳运动员一样，能够全神贯注于自我调节的各种微妙之处，这样他们才有可能成为全面优秀的选手，熟练地将精力集中于他们的认知元素，而这方面的能力提升，是突破他们之前最好成绩的必要前提。

我希望本书的第四部分能够在这方面发挥作用。

THE BOOK OF

PLENARY

4

第四部分

数字课堂结束活动

Digital Plenaries

第四部分
数字课堂结束活动

某些聪明机警的读者或许会因下面几页的内容感到困惑。本部分命名为“数字课堂结束活动”，是因为这里提出的一系列课堂结束活动基于约翰·哈蒂教授的元分析理论，这个理论告诉我们最有效的教学方法有哪些。这部分内容，综合了最新的研究成果，是全书最为核心的一部分，它们代表着当今最好、最简洁易用的教学方法，所以我使用了“数字”这个诨名，这可能会令我们可怜的读者感到迷惑，不过我保证，你在这里读到的将是最新最好的教学方法。

然而在写作本部分的过程中，看着那些肤浅的研究，我不由产生了一些奇怪的厌烦之感。我已经意识到，哈蒂提出的那些教学方法具有很好的效能规模，虽然看似非常老式，好像在诺亚制作方舟的那个年代，它们就已经老朽不堪了，然而我对此的分析（如果你有一点点兴趣想听的话），没有你想的那么简单，也没有那么保守。传统主义者或许会愉快地说，哈蒂教授的研究证明传统方法是很有效的，这和一些右翼评论员过去在已经停办的《每日电讯报》博客上发表的某些言论相当一致。但我始终怀疑，这个宏伟理论大厦的真正答案没有那么愚蠢，值得我们进一步深思。

即使有政府施加的持续压力，那些暗地议论的人、追求诱惑的人、唱反调的人、结伴儿探讨的人，以及那些给老师捣乱的人，尽管他们不断讨论学校中普遍存在的愚昧现象，媒体依然在大肆宣传英国教育系统所取得的成就，甚至你只要阅读那些著名美国教育家著作的前一两页，管窥他们关于教育和学习艺术的想法，就会产生一种非常坚定的看法，认为在推动教学艺术发展方面，英国教育界至少要领先我们的前殖民地二十年以上。

哈蒂教授有关元分析的大部分研究来自美国，因此，可能会有人质疑说，他打的这手牌里有太多的臭牌。如果我们承认争议，敢于质疑美国教育在进步教学方法上不如我们的说法，那么或许可以很容易向前迈出一大步，得到这样的结论：

他们最好的教学技巧，和他们那些稍微差些的教学技巧相比，其实好不了太多。更进一步说，哈蒂教授的团队已经从各个方面对元分析理论进行了研究，而这些研究可以追溯到很久以前。因此，该理论所基于的证据中，有大量非常陈旧的材料，从任何角度来说都算不得新鲜。从时间的维度来看，情况就是这样的。

本部分内容是基于哈蒂的著作《看得见的学习》中的某些章节来组织的，他在其中引用了林恩·拉夫瑞未发表的博士论文中的一段研究，在这项研究中，作者对多种自我调节方法进行了评估，并分别给出了它们的教学效能规模指数。本书的目的，就是为了使用最有效的教学方法武装你，帮助你的学生更有效地学习，我们将看一看那些教学效能规模指数超过0.4的方法（0.4是哈蒂建议的底线，教学效能规模指数超过该底线的方法可以产生确定的学习效益）。

下面我们将从头到尾逐个介绍它们，同时就如何安排专门的元认知课堂结束活动，提升学生们对知识的学习和记忆能力提出一些建议。

不同元认知方法及其教学效能规模指数

方法	定义	描述	编号	效能规模指数
组织与改编	特意对指导材料进行重新组织或者改编，从而促进学习	在写文章之前先列一个大纲	89	0.85
自我担责	学生准备或想象成功或失败之后得到的奖励或惩罚	将快乐的事情推迟到工作完成之后再享受	75	0.70
自我教学	向自己详述完成一项指定任务的具体步骤	叙述解答一道数学题的步骤	124	0.62
自我评估	设定标准，并用它们来进行自我评估	在向老师交作业之前先进行检查	156	0.62
寻求帮助	力图从别的同学、老师或其他成年人那里寻求帮助	求助学习伙伴	62	0.60
坚持记笔记	记录与学习任务有关的信息	做课堂笔记	46	0.59
背诵与记忆	用组织与改编的方法记忆材料	抄写一个数学公式，直至记住它	99	0.57

续表

方法	定义	描述	编号	效能规模指数
设定目标/计划	设定教育目标，或者设定小目标，并为各个小目标安排顺序、完成时间，以及达到这些目标所需要完成的活动	列出学习中需要完成的事项清单	130	0.49
复习笔记	重新阅读笔记，进行测验，或者复习课本，为上课或下一步学习做好准备	在听课之前复习课本	131	0.49
自我监督	观察并跟踪自己的行动和表现，并经常进行记录	坚持记录学习效果	154	0.45
任务策略	分析学习任务，并确定专门的优势学习方法	创造提高记忆的记忆术	154	0.45
想象	在脑海中创建生动的画面，来辅助学习	想象学习失败之后的悲惨结果	6	0.44
时间管理	估算并合理安排时间	安排一天的学习时间和做作业时间	8	0.44

1. 梦寐中的家庭作业

每一天，都有千百万个无辜的学生不情愿地生活在一种恐怖独裁的阴影之下。政府把他们从温馨的家里拖出来，集中到狭小拥挤的教室中，在那里他们遭遇的是奴隶般的对待，以及各种恶劣的条件。每天七个小时，他们都被灌输一些理念，让他们热爱当前的条件，支持政府和社会的行为。好像这还不够，学校还经常让他们再拿出两个小时的时间来做作业，绞尽他们的脑汁，甚至达到了伤害他们的地步。就这样，在能够和家人相处的短短几个小时里，他们还要被迫做一些额外功课。他们对此早已厌倦，却还得及时完成，确保作业第二天交上。

家庭作业不见得非要惹人厌烦，不见得都是老师不动脑子随便布置的任务，更不见得都是些连老师自己都没做过的试卷（所以，不要以为家庭作业毫无用处，缺乏教学价值）。虽然听起来有些奇怪，但有很多方法可以把家庭作业当作一种元认知任务来实施。哈蒂之前关于教师从学生那里得到反馈的观点可以清晰地说明，通过某些方式布置家庭作业，能够有效评估学生的学习状态，了解他们是否曾经认真学习。以下是几种容易操作的作业示例。

评估课程的家庭作业

问题	答案
你在上节课的学习目标是否明确？	
你是否学到了一些出乎意料的东西？	
对你来说，这节课的最成功之处在于什么？	
如果让你对这节课进行改进，你会从哪几个方面入手？	
你认为本节课的哪些信息值得你继续学习体会，应该进行更加详细的讲解？	

当然，这些示例（以及你自己那些更好的方法模板）不仅可以作为家庭作业来布置，也可以在课堂结束的时候来实施。将它们用作课堂结束活动自有妙处，你可以在下课之前就把学生们的意见搜集上来，并根据这些建议调整下次课的教学内容与方法，因为这时候你已经充分了解，学生们对下次课有哪些期盼，而不必艰难揣测他们的想法，花费大量精力去契合你想象出来的学生的需求，从而省去了无用功。

还有其他一些方法，可以将家庭作业元认知化，比如让学生自己设计一种检测学习效果的活动，然后在下节课的时候，从中选出一些最好的活动，让他们表演使用其中一种或者一系列活动，以此来检验前期的学习效果。

2. 组织与改编

方法	定义	描述
组织与改编	特意对指导材料进行重新组织或者改编，从而促进学习	在写文章之前先列一个大纲

以上的研究提出了一种前瞻性的例子，其中设计了学生们应事先完成的行为。与此同时，在一节课的末尾，我们实施的任何组织或改编活动，都是对已经发生的学习行为的事后反应。

我们经常碰到这样的学生，只知道坐在书本前苦苦复习。他们埋头苦读，希望能记住书上的信息，却发现同一句话读了二十遍，依然没有任何的效果。时间在一点一滴流逝，他们的学习却毫无进展。这时不妨建议他们做一些与学习内容相关的其他事情，比如将学习内容改编为其他形式。这种方式，就是要通过积极地处理这些知识，让它们驻留在大脑中。杰夫·佩蒂提出了很多这样的主动学习技巧，我们可以从中派生出成千上万种不同的方式，以下几种方法就来自他的《25种无声的教学方法》。

- **寻找关键点**：给出一段有关学习内容的文字材料，让学生根据所学知识找到其中的关键所在。
- **高亮标记**：内容同上，用荧光笔高亮标记出关键点。
- **改编**：将一种形式的信息改编为另一种形式，例如从笔记形式改编为随笔形式，或从随笔形式改编为笔记形式；从关键点列表形式改编为歌词形式，或从歌词形式改编为关键点列表形式；把按照年代排序的内容改编为按照重要性排序，或把按照重要性排序的内容改编为按照年代排序，等等。
- **主题归类**：给出一些课堂知识内容，让学生们按照不同主题进行归类，而具体的主题可以由老师指定，也可以由学生自拟（这样更加有趣）。可以为学生提供一个空白的范表，一支胶棒。

3. 自我担责及4. 想象

方法	定义	描述
自我担责	学生准备或想象成功或失败之后得到的奖励或惩罚	将快乐的事情推迟到工作完成之后再享受
想象	在脑海中创建生动的画面，来辅助学习	想象学习失败之后的悲惨结果

根据条件作用学习理论，学习行为是在某些条件的激励下形成的，通过系统性的回报，对符合要求的反应进行奖励，对不符合要求的反应进行惩罚，可以促进学习。通过这种方法，信鸽可以习得复杂的技巧，老鼠可以学会走出复杂的迷宫。在教授众多的技能和动作姿势方面，条件作用学习理论都取得了成功。

如果只因为这种做法看似愚蠢，就令我们放弃使用这种有价值的工具，显然是非常荒谬的。但如果我们采纳这个人的成果（他的名字与一个形容词密切相关，可以用来形容那些将戴帽子视为必要礼仪的人），我们就必须严格按照他的方法来做。他的研究表示，我们有责任去克服固有的荒谬感受，带领我们的学生充分投入到这个学习循环中去。

丹尼尔·戈尔曼将这种控制冲动的能力描述为“控制倾向”，我们不妨再深入一点。有一种人，不论他们住在哪里，也不论你在哪个国家或城市找到他们的身影——可能是巴西、博茨瓦纳、巴林、英国的布罗姆利，或者中国的北京，他们总是悠闲地享受受教育程度最高的顶尖地位。这是什么人？中国人当然位列其一，原因很简单，他们比其他任何人都更加勤奋。

一个白人学生放学回家后，如果父亲问他数学学得怎么样，他可能会回答说“不怎么样，爸爸。我不擅长数学”，然后就能够得到父亲体贴的回应：“没关系，儿子，你的英语很好嘛，没有人可以同时擅长所有事情。”但假设一个中国学生面临同样的处境，比如他正在艰难地学习某一学科，父母很有可能是鼓励他每天早早起床，加倍勤奋来学习这门功课。抛开种族主义的陈词滥调不说，我们必须承认东南亚学生所取得的成绩是建立在失败基础之上的，或许我们应该以更谦虚的态度向他们学习。

想象一种奖惩回报，并将学习与这种回报联系起来。或许，只有这种貌似粗鲁的头脑画面练习，才能逼出学生们的“法拉赫心态”：我可以搞定它！我可以学会它！在课堂结束的时候，让学生写下他们理想的职业是什么，然后试着将本节课的学习内容与他们想要的目标联系起来（他们的理想得到想象发挥之后，可能比最开始的想法更加有趣，更加生动）。虽然理性地说，这种做法可能不太容易实施（要加强对此的认识，请参阅前文中的“让所学知识变成财富”）。

反对这种做法的人认为，你让全班学生想象他们不好好学习可能会遭受到的惩罚，并以此来迫使他们学习，这简直和狄更斯小说里迫害童工的场景一样！竟然有人可以构造一幅中世纪折磨人的虚幻场景，强迫儿童在脑海中去观看它，并将这种莫须有的悲惨后果强加在自己身上。这简直是赤裸裸的威胁，无异于告诉学生“如果到下课时你还没记住这些知识，就会被裹上蜂蜜，让土豚舔食而死”。或者我们还可以想象的更远，直接把16世纪荷兰画家波希的名画《尘世乐园》挂在墙上，引导学生观看那些栩栩如生的恐怖画面，严肃地告诉他们，如果不把课堂知识记下的话，他们就将被诅咒，救救这些可怜的孩子吧！

在另外一个学科里，想象在学习中的作用和17世纪早期一模一样，当时有一个名叫约翰·阿摩司·夸美纽斯的摩拉维亚教师，他拥护大学教育，在其著作《大教学论》中，他创建了美国现在使用的教育体系：幼儿园、小学、中学、学院和大学。他发明的教学法影响力持续至今，而且，他是首位在语言学习中使用图片辅助的人。在他编写的语言教科书中，首先是一些与儿童学习有关的简单概念，主要用儿童的母语而不是将要学习的外语来写作，然后再描述外语。有人把它用来衡量想象在教学中的作用，这偏离了夸美纽斯的原意。

另一个更有趣的例子，是艾伦·派维厄的双编码理论，它与大脑功能侧化理论恰好相反，认为我们的大脑有两个独立（尽管有关联）的系统，用来编码、记忆和撤销知识，这两个系统分别是视觉系统和语言系统。例如，词语“兔子”，就会产生两种大脑反射。如果你专门盯着上边这句话中的斜体字看两秒钟，你的大脑同时就会跳出一只兔子来。因此，兔子的意象本质，就存储在你的意识中，与这些表示它的文字联系在一起。你还会发现，在看写着“兔八哥”三个字的兔子图片时，兔子的概念也会闯入你的脑海，尽管这是一幅漫画，但它给予你的真实感受，比上边写的文字还要清晰，它是一只兔子！因此，你天生有两套与兔子知识相关的记忆系统：语言的和图画的。

但是还不止于此，双编码理论认为世上有三种表示系统：

- **直接表示**：使用语言或非语言的方式直接表述。
- **间接表示**：通过语言系统调动意象系统（看到“兔子”一词，就在脑海中浮现出一只兔子的模样），或者通过意象系统调动语言系统（看到兔子的图片，就想起“兔子”这个词）。
- **关联思考**：由语言或者意象系统所调动（“兔子”一词

让你联想到“野兔”一词；一只兔子的图片，让你联想到它那宽眼睛、大耳朵、拎着一根长棍子的卡通形象）。

派维厄总结认为，我们对眼前事物的感受，总是混合了对这三种表示系统的思考；我们同时通过两种系统来感受周围世界：文字——藏在我们对语言的理解之下的信息，以及图片——一幅图片各个部分的内容。根据他的说法，图片意象在长期记忆中占据更为核心的位置，至少对成年人来说是如此。

这把我们引到了布尔和维特洛克的研究上，他们使用18个名词，将学生分成独立的三组做实验。在实验中，他们通过设计不同的方法向孩子们教授这些名词的定义或含义。第一组需要自行创建所谓的“自生成意象”，第二组由老师给出“外来意象”，第三组只能得到语言定义，到揭示谜底的时候了：究竟哪组学得最好。请你根据自身经验大胆地猜测一下，然后再开始阅读以下的引文（其中给出了答案）：

语言定义组通过朗读这些词语，或者在规定的时间内反复抄写，来进行学习。外来意象组得到了这些词语与定义，以及具体描述，老师指导他们阅读这些词语及其定义，然后写下来，并观察给定的相关图片。意象发现组得到了与第二组相同的老

师指导，但不同于后者观察给定图片，他们需要自行绘画，来表示相应的词语定义。研究人员发现，从统计数据来看，让十岁儿童为表示名词及其文字定义而思考描绘特定图片，可以产生最好的记忆效果。

布尔和维特洛克给出了一些老师的经验之谈，从夸美纽斯那个年代起人们就已得出结论：使用图片意象辅助语言教学是有所裨益的。那么，把它放在一本有关课堂结束活动的书里，它应该占据什么位置呢？在我之前的几本书里，我提议了一种教学技巧，就是让学生们画出他们学到的知识，但是我也收到了几位老师的电子邮件，抱怨这种技巧并不奏效。我对他们的回复是——任何新鲜事物，都需要充分的时间去检验。如果一种新的教学技巧在第一次使用时没有什么明显效果，那你至少要再实验三次。只有反复实验都没有用的话，才能说明这个方法不怎么好。让学生画画（特别是以怪异或者超现实主义的方式绘画），然后把自己的画作展示给至少三个人看，并在对方试图了解其内涵的时候，向对方阐述自己的绘画是如何嵌入了一些学习知识，这种方法和布尔与维特洛克的研究不谋而合。作为一种教学技巧，它站在夸美纽斯这位巨人的肩膀上。试验四次，让孩子们努力记住自己的画作，也就会很容易牢记所学的知识。

5. 自我教学

方法	定义	描述
自我教学	对自己详述完成一项指定任务的具体步骤	叙述解答一道数学题的步骤

这种教学方法乍看上去很有前途，因为它契合了当下独立学习的浪潮，貌似最终可以将学生培养成自动导向、自动学习的人，就像萨特名著《恶心》里的市长书记官一样，把他们培养成那种可以按照字母顺序把图书馆藏书读完的人。可惜的是，这种方法的实际效果没有这么强大。

在研究中，这只是一套简单易用的教学方法，旨在帮助那些意志薄弱的人完成一些最基本的事情。概括来说，其大致原则就是让你自己示范一项任务，一边做的同时，一边将其具体步骤讲述出来。

1. 老师一边进行示范动作，一边大声讲出来。

2. 学生随着老师的讲述，一步步完成任务。

3. 学生们一边讲述任务步骤，一边完成任务。

自我教学最初作为一种学习方法，会令你陷入周围人士异样的眼神打量，其核心部分，就是要自言自语，而且必须大声地说出来："自我教学让人告诉自己要去做什么事情，并付诸行动。"这被称为是一种"无障碍自我控制工具"，如同七岁小孩对自己生活的解读。在20世纪70年代，小学老师和薪酬过高的秃头猴子教育专家热衷于"我将要上公交车，然后我上了公交车，把我仅有的一便士硬币都给公交车司机，然后告诉那个聆听我自我教学的人，我其实疯了，在我排队上公交车的时候，他就在我身后听我说话，这样才能让那个好事的贱人闭嘴……"

事实上，这种学习方法或许只适用于上课之初，更进一步说，它更适用于学习一系列基本步骤，而不是去消化吸收任何抽象或复杂的概念。你可以想象，它适用于学习如何煮一个溏心鸡蛋，但是能否这样来学习一个复杂的理念，则要打一个大问号。不过，我们将努力反复地使用它，使之成为一种有用的课堂结束活动。

为了说得更加详细，我们可以参考威赫麦耶尔、阿格朗和休斯在1998年提出的步骤：

第一，明确问题。如果我们将自我教学作为一种课堂结束活动，那么这个问题必须是我们希望学生们记到脑子里的内容。

第二，寻找这个问题可能的解决方法。学生在这个时候必须发挥创造性，而我们作为老师，则要有所为有所不为。在把自我教学当作一种学习方法时，老师不应抢着说出自己知道的答案，这会显得任务太过简单，而是应该专注于引导学生："我们怎么能做得更好呢？"学生们必须找到一种方法，可以最好地记住课堂上学到的知识。这时，如果我们曾经通过一些计划，教授了一些元认知课堂结束活动的想法，学生们就会有一批现成的方法可以选择、调用，这种源于自主选择的方式将使他们怀着极大热情投入到元认知自我调节中去。

第三，评估可能使用的方法。在找到一些可能与学习相关的方法之后，学生们还必须对它们加以评估，检测这些方法到底有没有用。他们可以扪心自问："这种方法有用吗？"并将自己手里的方法与问题本身联系起来。当然，只是让全班学生坐在自己的座位上自问自答，可能不容易让每名同学快速进入状态，因此可以采取轮流提问的方式，让学生们相互问答。

第四，自我强化。本步骤的意义似乎不大，但其目的在于制造成功的兴奋感，学生们必须要达到最好的学习状态，并有机会为他们自己学到的知识欢呼庆祝，或者起码要用语言确认，他们完成了一项任务，以及这项任务的内容与目的，以确保持续的动力。

第五，训练与语言表述相一致的行为。讨论的最终结果是要为实践做准备，因此，讨论自我教学法这个步骤就意味着，我们要在下次课中用到它。当下次我们开始课堂结束活动时，可以通过提问帮助学生们回忆上次结束活动的内容。你可以把这几个步骤说出来，或者明确地写在黑板上，而后你需要做的全部事情，就是让学生们自己实施自我教学法。

自我教学法还有其他很多变形方式，比如说，首先大声陈述你已经完成的任务步骤，然后大声说出你正在进行的事情，最后，大声说出你将要去做的事情。

在每一个步骤，笔者都强烈建议执行人多说一句话："我完成了计划要去做的事情。"显然，你可以通过这种方法，教一个长着龅牙的华夫饼店服务员怎样摆好一张桌子，然后像猴子一样与表兄弟接吻。这固然是个笑话，但是并不影响自我教学作为一个严肃的学术研究课题，或者被认为是一系列很有效的教学方法之一。

6. 自我评估

方法	定义	描述
自我评估	设定标准，并用它们来进行自我评估	在向老师交作业之前先进行检查

自我评估的最好途径就是进行自我测验，或者结对相互测验，在测验中，学生利用一套测验标准来检验自己的学习。这套标准可以由一个考核委员会来拟定，也可以由一个迫切渴望有效课堂结束活动的老师来制定，并写在黑板上供学生们参考。对于那些精通这项活动的人（显然我还谈不上精通）来说，我只想补充一点来自男生成绩研究专家加里·威尔逊的建议，他认为，如果你想要一个学生评估自己花半小时学到的知识，最好先给他们一分钟的休息缓冲时间，然后再进行自我评估。可以让他们在教室里走走，和同学简单地聊几句，这样，当学生们再回顾那些知识的时候，就会增加一些新鲜感。

以下是几种不同的分组反馈方法，可以用作示例：

1. 先进行自我评估，然后分组讨论。

2. 先进行自我评估，然后两两结对讨论。

3. 先进行自我评估，然后写下将来的改进目标。

4. 两两结对相互评估，然后讨论。

5. 两两结对相互评估，然后写下各自的反馈。

7. 寻求帮助

方法	定义	描述
寻求帮助	力图从别的同学、老师或其他成年人那里寻求帮助	求助学习伙伴

在吉姆·史密斯的著作《跟我来，我就在你身后：简单掌握学校全过程》中，有足足十页关于如何寻求帮助的内容，提供了很多切实有用的建议，其中一个好点子就是在课堂上建立一种“求助之前努力三次”的机制，也就是说，需要帮助的同学必须尝试三种不同的方法去努力解决问题，然后才能去询问忙碌的老师。你也可以把这种机制调整为，学生们有问题提问老师之前，要先问三个其他同学，不能解决的话再去问老师。

吉姆有关寻求帮助的那些内容非常值得一读，特别是在一些特定的情况下。经他的允许，我在此摘抄并修改了他书中的部分内容，因为他在这方面的想法确实比我的更胜一筹。

1. 想象你自己是另外一个人，把自己放在他的角色上，想象他会采取什么样的方法来把课程知识牢记于心。

2. 让学生标记出他们忘记了的知识。这种做法看似有点跑题，和课堂结束活动没什么关系，但在这里列举出来自有其道理。搜寻的过程也是查漏补缺的过程，哪怕已经记不住了，他们也会非常努力地思考，深入挖掘他们在这节课上所学到的内容。

3. 让一部分学生担任过程教练。这是一种偷懒的教学方式，却丝毫不是松懈的方式！在这种课堂结束活动中，老师不必全身心投入进去，而是指定班上的五六个学生，赋予他们显示级别的徽章，上边嵌刻着“老师小助手”、“小精灵”、“执行命令者”、“过程领导者”等字样，只要是学生们买账认可的称号就行。在课堂的最后10分钟，让学生们直接与过程教练交流，他们对本节课的所学知识还有哪些问题，而老师在这个时候可以来个片刻放松。

4. 独立学习墙。这实在是个惊人的天才想法：选择教室里的一面墙，用你想到的材料进行粉刷。上课时，学生们将自己在学习中遇到的问题记录在墙上。在课堂结束活动中，你既可以让学生们回答墙上的问题，也可以简单地带领他们一起回顾这些问题，给出问题的答案，并和全班同学一起讨论。

8. 坚持记笔记

方法	定义	描述
坚持记笔记	记录与学习任务有关的信息	做课堂笔记

我不知道，你是否曾在一堂课上滔滔不绝，要求学生做笔记，每当我提出这样的要求时，学生们就会流露出厌恶不满的神情，大概他们都在想："这是什么意思？边听他讲话边记笔记？我都没听到什么有用的概念。他是想一切唯我独尊吧！"

如果回忆一下自己的教育经历，你会发现很难确定自己是在何时开始学会记笔记的：高中时候吗？或许更早些，或许更晚些。如果这个时间点离现在不远的话，你或许还能记起来，但像笔者这样已经迈入中老年阶段的人来说，那个时刻实在是太过久远了，以至于我已经完全想不起自己究竟是从什么时候开始记笔记的。不过有一点是明确的，你的学生可能到现在还不知道怎样记笔记，而你则可能成为教给他们如何掌握这项有用技能的人，最好马上去做！

首先，为什么记笔记是有价值的，或者有用的呢？在你自己的学术生涯中，你会经常体会到（可能就是在抄写你的大学笔记的时候），记笔记实际上不能算是一项认知任务，它的主要工作，就是努力把那些潦草的手写文字写得更好看、更整洁，这并不是多么复杂的技能，却又需要花费很大功夫，才能提升你的发展水平，缩小你的最近发展区①。

对于以上结论，有必要好好剖析一下。首先，学生记笔记时，意味着他的注意力始终是集中在听课上的。在那些需要我们长时间全神贯注聆听某人讲课或者发言的时候，我们的注意力常常会不知不觉地发生漂移，而记笔记可以帮助人们始终集中精力。同时，学生记笔记这一行为明确地表明他们被教课内容所吸引而正在认真地投入学习，这对教师而言，无疑也是一种莫大的鼓励。

记笔记可以让人积极地学习，而不是消极被动地听讲，任

① 译者注：最近发展区是指儿童现实发展水平和潜在发展水平之间存在的一个发展空间，其大小往往因人而异。

凭讲课者的话如风一般掠过耳际。它是一种记录思维的机制：你可以组织、记录自己有关某个主题的想法、疑问、判断，以及为了跟上课程所必须要做的其他事情。记笔记的话，你会一直记录上课内容，不然就会时记时忘。在稍后的时间里复习笔记，你还可以重温那些知识，甚或在课堂结束活动中翻看笔记，我们还可能挖掘出所学知识的更多潜在价值。作为一位教师，你或许可以在课堂结束时要求学生们复习笔记，并与其他同学分享，记下他们的问题，并看看他们能否共同解决这些问题。或者，你可以采用间隔重复的理念，把复习笔记作为一项家庭作业，或者课堂结束活动。回顾一下戴维·考克斯的建议（参见模拟课堂结束活动“间隔重复法”），我们就会发现，将复习笔记作为一项课堂结束活动也是可行的：第一次复习在周一放学时，第二次在周二晚上，第三次在周五晚上，到下周一进行一次测验。

记笔记还有一重好处，就是可以让学生更多地触及元认知知识的内容。现代新科技不但为人们带来了解决问题的新方案，也带来了新的问题：随着互联网的蓬勃发展，剪切粘贴成为一些学生的终极秘密武器，结果学生们写的文章像是著名作家弗吉尼亚·伍尔夫的手笔，当然，那些段落句子都曾经是。

停留在模拟时代的记笔记行为则为我们提供了能够辨别优劣的材料，它像是透镜或者筛子，反映出原创或者抄袭的痕迹。通过记笔记的过程，学生们可以在转向电脑之前，先消化处理原材料。特意教授学生记笔记，起码可以作为一种提醒，他们不应该跨越这个温习功课的阶段，在进行恰当研究之前就开始写文章，而这样写出来的论文，就会如同曼特·伯肯豪尔（北肯塔基大学英语老师）在其名为《撰写研究论文中失落的艺术：记笔记》的博文中所说的那样："草率马虎的、缺乏深入分析的、用不同材料拼凑起来的文章，没有任何意义可言。"

那么，我们应该怎样记笔记呢？来自英国埃克塞特大学的萨曼莎·达昂，对记笔记的类型以及如何记笔记进行了相当深入的研究，值得我们借鉴。在研究中，她认为记笔记大致可以分为两类：线性笔记和发散笔记。我对这两种笔记形式的优劣不做评价，但在某些圈子里，人们很推崇发散笔记，因为它看起来能比线性笔记更精确地反映大脑的发散思维，读者可以自行判断。在她的研究中，达昂热衷于总结学生在记笔记时可能经历的思维过程，即怎样判断一个人讲的话是否值得以笔记的形式记下来。

判断一场讲座或者一篇文章里哪些信息重要，哪些不重要，对于学习者来说很有意义。最好的方法，就是在聆听或者阅读的时候提高批判性，时刻问自己，现在听到的信息是不是重要的、切题的、可信的。换言之，就是要检验这些信息是否重点突出，是否和主题相关，是否有足够的支撑证据。

她继续提议说，记笔记的人应该能够区分辨别哪些内容是事实，哪些是观点，哪些是例子。如果老师是在讲述一个例子，就没必要逐字逐句地记录；写下自己想出来的例子会更有趣，也是更加有用的认知过程。学生可以使用一些符号来标记、区分事实、观点和例子，比如F（fact，事实）、O（opinion，观点）、E（example，例子）。她最有趣的主张是以一个问题的形式来描述的——一个会记笔记的学生，应该能够探索这个问题的答案：差距在哪里？

她随后介绍了使用SQ3R（Survey调查，Question发问，Read阅读，Recall回忆，Review复习）五步学习法，该方法是德里克·郎特里发明的一套系统的阅读方法，可以用于研究任务中主动或被动阅读的情境。

- **调查：**解决阅读什么，哪里可以找到这些内容的问题。比如，在这个步骤中，你可以稍作停顿，决定是否要继续阅读本书。

- **发问：**定位或概括你想通过阅读解决的问题。如果想让你的研究最高效，这一步骤至关重要。

- **阅读：**对你想要解决的问题直接回应，努力去寻找答案。建议你在此时秉持批判的态度去阅读，理性判断所读材料是否与你阅读的主旨目的相一致。

- **回忆：**我建议在阅读步骤就开始记笔记，不过你也可以在这个阶段开始。在这个步骤里，你要合上书本，努力通过温习自己的笔记来回忆所读内容，或者简单地提问："我得到自己想要的答案了吗？"

- **复习：**再次翻开书本，检查自己是否遗漏了什么内容，如果需要的话，补充笔记。

我有一个名为卡罗琳·科瑞白的客户，是一位校长助理，同时也是一位在读博士。她从自己的学习中总结出了一个很好的技巧，并将之用于自己的教学中，说是可以迫使学生们边阅读边思考，而不是消极地囫囵吞枣。她的方法是："让学生把一张纸分成三部分，在页面70%的位置画一条线，90%的位置再画一条线。上边的70%部分标记为‘笔记’，可以按照个人意愿书写各种记录；中间的20%部分用来对以上笔记进行小结，小结不超过25字；最下边的10%用来填写本页笔记的5个关键词。”

最后，我们应该来谈谈如何将记笔记转换为一种课堂结束活动了，或许，记笔记能够表明学生们认真听了一堂课，而按照正统的教学法来说，这样做却是要挨批评的，但我们可以给学生布置一项基于上文中SQ3R学习法的研究任务，在课堂结束活动中，让学生抄写他们自己的笔记，或者以分组的方式讨论他们的笔记，当然，也可以把抄笔记作为家庭作业布置给他们。

9. 背诵与记忆

方法	定义	描述
背诵与记忆	用组织与改编的方法记忆材料	抄写一个数学公式，直至记住它

正如很多小学生家长的做法一样，在帮助他们的孩子学习单词时，可以重复使用看图说话、缺词填空等方法。为了记忆去抄写数学公式，看起来有些过分，但它确实有用。

除了简单地重复同一个动作之外，还有一些更复杂的记忆方法，其中很多都属于元记忆方法的主题。

元记忆方法

有一位特立独行的天才，名叫安迪·萨蒙，他以毕生精力去寻找各种一系列联系，这里的“一系列”是指那些能让人联系起记忆的链条。以此谋生绝对是一个奇怪的职业，但是安迪，又名林卡劳特先生，确实走到了这一职业的最高境界，而他本人也善于记忆。在他的著作《思考联系：怎样记住所有事情》的前言中，他将记忆的方法总结为押韵、缩写、故事、幽默和双关语。

押韵联系

安迪以记忆火药阴谋[①]的日期以及当时在位的英国国王为例。他提醒说，1605可以看作是下午时间16:05分，然后就可以得到这样的押韵句子：

① 译者注：火药阴谋是指1605年11月5日英国天主教徒在国会地下室放置炸药企图炸死国王的阴谋。

门外烟花响动天，	There was a bang at the door
正好四点过五分，	At five past four
苏格兰国王詹姆斯，	King James the Scot
却不喜欢火焰。	Didn't like flames a lot.

你也可以创作属于自己的韵文！

缩写联系

辅助单词拼写：大象很难理解吃肉的人，不仔细观察，我们很难从不相干的事物中找出二者互相联系的蛛丝马迹，但只要你把握了要点，这个并不难，没准儿还会很有趣。比如通过一句话"RunnyRunny Help…Oops（跑啊，跑啊，救命呀，哎哟）"，就可以记住如何拼写复杂的单词diarrhoea（腹泻）。在课堂结束活动中组织使用这样的关键缩写来辅助学习，能够有效保证学生们轻松地把单词拼写正确。

辅助排序：对于太阳系中行星的排序，安迪是这样解决的：My Very Enormous Monster Just Sucked Up Neptune，直译：我非常巨大的怪兽正在吸吮海王星。八大星星按照距离太阳远近的顺序分别为：水星Mercury，金星Venus，地球Earth，火星Mars，木星Jupiter，土星Saturn，天王星Uranus，海王星Neptune。在安迪的著作中，你会发现任何排序都可以通过这种技巧来加以记忆。

故事联系

这种方法几乎和山岭一样古老，与古罗马地点记忆法有关，人们多少有点开玩笑地称之为“记忆圣殿”。传说这种方法源于一个故事，古时候有一次宴会，由于屋顶着火而遭到破坏，客人几乎全部遇难，很令人伤感。火灾之后，人们要求宴会主人辨识被烧成炭的尸体分别是哪些人，这个聪明的主人通过回忆每位客人当时围绕桌子落座的位置解决了这个问题。“嗯，这根扭曲的炭条，这个痛苦地蜷缩在我左边的人，是丹尼斯……”这个悲惨的小故事给予了西塞罗和他的朋友们莫大的启示，每当他们想要记住什么东西时，特别是需要按照顺序记忆的时候，都会为这些事物安排对应的位置。这种方法之所以能奏效，是有一定科学道理的，而且也确实管用：据报道，一些可怜的孤独症儿童，他们几乎完全没有朋友，却用这种方法记住了65536位圆周率。不过对于你的学生来说，只需要知道如何使用这种地点记忆法：在他们自己的大脑中走过一段旅程，并在旅程上为不同的事物分配位置。

想要记住一组事物的时候，就在头脑中“走上一圈”，把每个事物对应到一个位置，并把这一位置的独特景色与这个事物联系起来。需要检索这些事物时，就回到这个记忆场所“走一走”，通过沿途的景色回忆起想要的事物来。

这种头脑中的旅行，可以发生在你熟悉的大楼里、超市里、大街上等等，当然在你自己的家里也很好。关键是，你要对这个地方非常了解，比如你上学的路上，或者你奶奶家的小客厅。

你当然可以简单地使用地点记忆法，不过林卡劳特先生推荐了另一种衍生方法，就是叙述一个荒谬好笑的故事，把需要记忆的信息穿插其中。比如，林卡劳特先生想要记住尼泊尔与中国交界处的珠穆朗玛峰是世界最高峰，最早登上珠穆朗玛峰的人是埃德蒙·希拉里和丹增·诺尔盖，于是他编写了以下这段看似毫无意义的文字：

I need to Everest as I’ve a Nepalling stitch and my legs are Tenzing up. This mountain is a little more Hillary than I envisaged.

我扎了一根可怕的针，我的腿肌腱受伤了，所以我需要休息，这座山比我之前去过的所有高山都更加险峻。”

一开始，我并没有理解这段话的意思。仔细品味一下，珠穆朗玛峰Everest的英文发音像是休息have a rest，尼泊尔Nepalling的发音像是可怕的appalling，丹增Tenzing的发音像是肌腱tendons，希拉里Hillary则像是山峰hill的形容词形式。确实，这种双关语就像是五岁小孩的游戏，但是你所教的孩子可能也只有五岁。如果你教的是稍微年长的孩子，那么你也可以提升双关语的难度，让他们用这种技巧记住更多、更复杂的信息。

幽默联系

林卡劳特先生将幽默联系描述为俏皮的联系（我相信，俏皮的游戏是非常有趣的，尽管我这个谐音用的不大好）。他认为，当这些幽默“如用脚尖玩冰上溜石游戏一样流畅，又能干脆利落地开我玩笑时”，效果最好。他举了一个例子，为了记住大鸟笼（aviary）是鸟类居住的地方，你可以使用这句话：“Aviary day（谐音Everyday，每天）起床我都会听到鸟叫声。”

不过，为了编写一个幽默联系故事，必须首先理解什么是双关语。让学生们理解双关的概念是一项很有意义的活动，可以发给他们每人一张白纸，要求他们在上边写出自己的名字，以及一个有双关意义的谐音词语，10分钟后上交。

双关语的作用

这一节内容，就是为了和读者分享一些双关语，但回归到本书最初的目标，我们是要通过学习双关的技巧以及双关语的作用，帮助学生能够自己发明一些幽默的联系，辅助记忆在课堂上学到的知识。

塞缪尔·约翰逊认为幽默的最低形式是双关语，而不是挖苦讽刺。双关语是一个工具，可以挖掘词语、句子背后的更多意义。就好像“做到高潮”这句话，虽然它本身没问题，但是却可以暗指某些内容，会让我们像做了坏事的下流男生一样偷偷发笑。《纽约时报》的记者威廉姆·萨菲尔在他的声明中沿用了这种色情比喻，他说：“双关语是文字游戏，就好像性虐待是性爱前戏一样——用犀利的小鞭子抽打出痛感并快乐地呻吟。”

双关语可以是同音异义，词语不同发音却容易混淆，也可以是同形异义词，字形相近或者拼写相同，但是意义却截然不同。例如，一个男人撞上了一根棍子（walk in a bar），那是一根金属棍子，非常坚硬，所以他受伤了，同时，“walk in a bar”也可以指“走进一间酒吧”。

到现在，学生们已经知道如何在课堂结束活动中用幽默、双关等联系技巧来记忆信息。让他们分享这些技巧，疯狂地投入学习吧，这时候你就可以轻松地退居二线了，或许这也才是教师职业的本质所在。

10. 设定目标/计划

方法	定义	描述
设定目标/计划	设定教育目标，或者设定小目标，并为各个小目标安排顺序、时间，以及实现这些目标所需要完成的活动	列出学习中需要完成的事项清单

将时间交给学生，请他们自己进行计划、监督、调整。在课堂结束的时候，请他们填写以下表格，并以这种形式引导他们完成为自己设定的研究任务。

元认知方法——研究型家庭作业

问题	答案
关于本节课，你想了解哪方面内容的更多知识？	
怎样才能在家找到更多的信息？列出三种方法。	
在找到所需信息之后，你将怎样在作业中把这些新知识表达出来？你会选择什么样的任务形式？	
搜集到所需信息之后，你将采取哪些步骤来叙述你对问题的新理解？	
你将在何时着手进行这些事情？打算花多长时间完成它们？	
你怎样才会因作业感到开心？你必须达到怎样的标准，才能把这项任务完成好，让自己和老师满意？	

11. 复习笔记

方法	定义	描述
复习笔记	重新阅读笔记，进行测验，或者复习课本，为上课或下一步学习做好准备	在听课之前复习课本

这项活动你不需要我帮忙，复习总是有价值的，学生们应该安排出合理的复习时间。

12. 自我监督

方法	定义	描述
自我监督	观察并跟踪自己的行动和表现，并经常进行记录	坚持记录学习效果

作为一个学术概念，自我监督实际上是指我们如何在社会中改进自己的研究学习，具体表现为怎样根据从他人那里得到的线索，相应地改变我们的行为。自我监督能力较高的人，对他人的反应非常敏感，会适时调整自己的行为，从而获得他人的积极评价。反之，自我监督能力较低的人，对他人的看法毫不在意，他们的行为随心所欲，如果看到想要的东西，就会径直而取。祝他们好运吧，至少他们不必为了取悦他人，一味违心地伪装自己。

如果我们重新定义个人学习的概念，自我监督就是调整你自身的行为，力争学习成绩在班上位列前茅。有关这方面的最好研究来自美国，而最有影响力的教学法——主要与阅读理解的方法有关，则是由苏·莫厄里最早提出的“停止—发问—作答学习技巧”，或者称之为“停止—思考学习方法”。

在星光闪耀的自我监督领域，一本重要的著作是杰弗瑞·威廉的《导航之路：使用积极思考帮助读者自我监督阅读理解水平》。他提出了一种详细的自我监督方法，供学生们在阅读的时候使用，可以确保他们理解所读文本，他将之称为“积极思考”。如果你有兴趣阅读这本书，不妨再深入思考一下：这些步骤基于一项阅读理解任务，那如何能把这个过程与课堂结束活动联系起来呢？

在威廉的书中，有一部分题为“基本步骤：从理论模型到学生独立运用”，其中列举了四个步骤，可以提升学生的理解能力。

1. 老师示范/学生观看

威廉为不同的阅读方法构建理论模型，并以流程图的方式把它们展示出来，张贴在教室的墙壁上。

2. 老师阅读/学生协助

然后，他继续阅读一段文字，同时让学生们将他的阅读与流程图中的步骤对应起来，这时候，学生和老师是相互协助的关系。学生鼓励老师，告诉他下一步应该怎么做。

3. 学生阅读/老师协助

接着，他把学生们分成几组，让他们在新的合作环境中阅读，并为学生提供支持，在适当的时候叫停，询问他们目前所读的内容是否有道理。如果学生不能读懂其中的含义，就让学生使用一些基本的阅读技巧，比如重新阅读、预读、跳读、填词阅读等。

4. 学生阅读/老师协助

完成第三步时，学生或许已经可以进行自我监督和独立阅读了。威廉建议，在此时把苏·莫厄里设计的“停止—发问—作答学习技巧”教给他们。

威廉将这个过程改编为一种课堂结束活动，作为日常教学的一项常规行为。在这项活动中，学生们借助他们自己既有的元认知知识，监督自己的课堂行为。从此以后，在大量的连续上课过程中，学生们甚至能设计他们自己有关课堂表现的流程图，而最适合他们使用的元认知方法，就是在课堂中进行恰当地自我调节。

以上过程，看起来好像是一件很难操作的事情。然而，请记住哈蒂教授的话，元认知的效果仅次于反馈，它对学生具有一系列的潜在价值：贴在课本内封上的流程图，可以时刻提醒学生们，为了监督自己的学习，应该在课堂上做什么，以及如何使用那些经验证明有用的学习方法。

13. 任务策略

方法	定义	描述
任务策略	分析学习任务，并确定专门的优势学习方法	创造提高记忆的记忆术

乍一看，在这里讲记忆术似乎有点不合适，人们可能会好奇，你到底怎样才能把任务策略用作课堂结束活动，因为很明显，它们应该是在执行一项任务之前使用的。不过，如果将课堂结束活动定义为一项任务，其功能就是把课堂内容装入学生的大脑中，然后，提问他们这些问题，并列举一些课堂结束活动（包括记忆术），给学生们作为选项使用，当然，我们可以教给他们一个教学法，让他们从中选择适合自己的任务策略，这就更像是本书的一个精简版。

学习课堂知识的备选任务策略
说出一个老师留下的问题，两个你之前不知道、现在明白了的概念，三个你现在理解其意义的词汇。
将所学知识抽象化，比如，将它画出来，为它写一首诗歌，或者把它想象为一个角色并向它提问。

续表

学习课堂知识的备选任务策略
找出所学知识的对立面，即容易跑题的方向，用图表的形式来描述它们。
为所学知识构造一幅凝固造型，为其设计一出哑剧。
找出一堂课的几个关键词，并以每个关键词为主题讲一个故事。
测试你的父母，用本课知识出题考考他们，请出十道题。
根据本课内容编写一段文字，在其中故意设计一些错误。尽量让这些错误难以被发现——看看你的老师能否挑出来。
试试你能否用所学知识创建一幅维恩图、欧拉图、卡罗尔图、因果图或者意识图。
为自己设计一个日程表，安排四次复习时间，以便牢牢记住所学知识，写下你的计划。
分别辨识出本课在社交领域、情感领域、主题领域、元认知领域的知识。
根据你对动机理论的认识，分析自己在本节课上的表现。
设计一些问题，并把它们当作一个写作框架，以提升你对本节课的学习效率。
利用本节课中的材料，进行某种方式的改编：重新排序、高亮标记、改写。
写一段文字，把本课内容与你的梦想、你的忧虑联系在一起，切忌不假思索就动笔。先想一想，你有哪些方式可以把本课内容与你的梦想联系在一起？如果不学习本课知识，有多大可能加剧你的担心？如果没有掌握今天所学的知识，可能会使你遇到怎样的麻烦？
试试能否创建一幅与本课知识有关的视觉图像，把它画出来，或者以其为基础创作一个剧本。
为更年幼的儿童写出一系列步骤，教授他们如何学习这些知识。找一个小孩，试着教教他。
列出本课知识的一系列有趣之处，可以引导你通向更进一步的学习。然后列出三条途径或者三个人，从他们那里你可以获得更大的进步。

续表

学习课堂知识的备选任务策略
评估你在本节课的学习表现，然后与他人交流你对自己的评估。
在课堂上记笔记。
在你的元认知日记上写一则日记。
将本节课最重要的知识点抄写十遍。
创建一个押韵联系。
创建一个缩写联系。
使用轨迹方法创建一个故事联系。
使用所学知识创建一个双关联系。

14. 时间管理

方法	定义	描述
时间管理	估算并合理安排时间	安排一天的学习时间和做作业时间

不幸的是，提到时间管理这件事，我自己并未能做出好的表率。请你设身处地地想一想，如果你傻乎乎地答应了这么一桩差事，要写一本关于教学最枯燥方面的书，然后就要花六个月时间，几乎天天挑灯夜战到凌晨，拼命地运用你所知道的几乎每一条元认知知识来充实它，得出一条条看上去好像从来没有实现过的结论，那么你可能就会原谅我为什么没有刻意去进行时间管理了——因为我真的没有时间！

致谢

ACKNOWLEDGEMENTS

一直以来，我都想要感谢卡罗琳·莱顿，是她发现了我的潜力，令我相信将一本教学用书写得幽默好玩，不一定非要把老师打扮成小丑，虽然确实有人那么做。感谢罗莎莉·威廉姆斯，在她面前，我的一切麻烦都烟消云散。感谢贝福·兰德尔，她总能够从任何人身上看到闪光点。

我同样要把感激之情献给戴维·迪道，他审阅了书稿，并为它提供了一个很有价值的书名。

“常青藤”书系—中青文教师用书总目录

书名	书号	定价
“走遍世界看教育”系列		
全脑教学：影响全球300万教师的教学指导书	9787515323169	38.00
世界最好的教育给父母和教师的45堂必修课（《芬兰教育全球第一的秘密》2）	9787500692423	28.00
芬兰教育全球第一的秘密（珍藏版）(《中国教育报》等主流媒体专题推荐，台湾教育类畅销书榜第一名)	9787500687436	28.00
7个习惯教出优秀学生（全球第一畅销书《高效能人士的七个习惯》教师版）	9787500687948	29.00
美国最好的中学是怎样的——让孩子成为学习高手的乐园（白金版）	9787500685838	28.00
“世界名师新经典”系列		
给教师的101条建议（增订图文版）(《中国教育报》“2009年最佳图书”奖)	9787500673842	27.80
高效能教师的时间管理法	9787515321073	35.00
来自美国最优秀教师的建议（入选《中国教育报》“2010年影响教师的100本书”）	9787500694427	25.00
优秀教师一定要知道的17件事（美国当前最有影响教育畅销书作者全新力作）	9787500671961	23.00
优秀教师是这样炼成的：用心教育	9787500672555	23.80
下课后来找我：资深老师给同行的建议	9787515307114	28.00
优秀教师一定要读的60个教育故事（传达60种爱的教育方式）	9787500696285	25.00
高中课堂管理–行为管理的9项策略（第二版）（被誉为美国“课堂管理圣经”）	9787500695714	29.00
快乐山巅：从亿万富翁到优秀教师	9787500695189	20.00
美国最优秀教师的自白（新版）(进入地方学校、教育机构教育用书征订目录)	9787500683001	26.00
优秀教师的课堂艺术（白金版）（第一本唤醒教师快乐积极的教学技能手册）	9787500654001	26.00
怎么做孩子会爱上学习（入选“21世纪中国教师必读的百种好书”，《中国教育报》“2010年影响教师的100本书”）	9787500685968	22.00
“好老师教学策略”系列		
改善学生课堂表现的50个方法（入选《中国教育报》2010年和2011年“影响教师的100本书”）	9787500693536	23.80
从优秀教师到卓越教师：极具影响力的日常教学策略（入选浙江省教师节用书）	9787515312378	33.80
10分钟培训：高效能教师的40个快速训练法	9787515320519	32.00
彻底走出教学误区：开启轻松智能课堂管理的45个方法	9787515322285	28.00

书名	书号	定价
天天向上：中学教学问题解决手册	9787515321202	29.00
打造优秀班级的15个秘密	9787515319117	28.00
13个教学难题解决手册	9787515320502	28.00
让每个学生主动参与学习的37个技巧	9787515320526	28.00
快速调动学生参与的99个方法（被誉为美国调动学生参与最有价值之书）	9787515317069	31.90
教学可以很简单：高效能教师轻松教学7法	9787515314457	25.00
快速改善课堂纪律的75个方法（白金版）	9787515313665	28.00
高效能教师备课完全指南	9787515312361	23.80
开始和结束一堂课的50个好创意	9787515312071	19.80
好老师激励后进生的21个课堂技巧	9787515311838	23.80
提高学生学习效率的9种教学方法	9787515310954	27.80
老师怎么说，学生才会听（白金版）	9787515312057	28.00
好老师说服难缠家长的16堂课（入选《中国教育报》"2010年影响教师的100本书"）	9787500688778	23.80
好老师应对课堂挑战的25个方法（珍藏版）(《给教师的101条建议》作者新书）	9787500699378	25.00
好老师因材施教的12个方法（美国著名教师伊莉莎白"好老师"三部曲）	9787500694847	22.00
好老师征服后进生的14堂课（珍藏版）（美国著名教师伊莉莎白"好老师"三部曲）	9787500693819	25.00
好老师可以避免的20个课堂错误（白金版）（入选《中国教育报》"2010年影响教师的100本书"）	9787500688785	21.50
万人迷老师养成宝典（珍藏版）（入选《中国教育报》"2010年影响教师的100本书"）	9787500689300	23.00
我是这样和家长沟通的：美国当代名师写给家长的信（入选《中国教育报》"2010年影响教师的100本书"）	9787500684572	20.00
"先锋教育"系列		
★ 如何成为高效能老师（美国最畅销教师用书，销量超过350万册，最专业、最权威、最系统的教师培训第一书）	9787515301747	68.00
如何打造高效能课堂（美国《学习》杂志"教师必选"奖，"激励教师组织"推荐书目）	9787500680666	29.00
快乐教学：如何让学生积极与你互动（入选《中国教育报》2010年和2011年"影响教师的100本书"）	9787500696087	29.00
那些让孩子感到幸福的事儿——给父母和老师的建议书(《中国教育报》"2010年特别推荐奖"，新闻出版总署"2010年大众最喜爱的50种图书"）	9787500692072	25.00

书名	书号	定价
人大附中高考作文取胜之道	9787515320694	33.80
杰出青少年的14堂人生哲学课	9787500696742	25.00
优秀班主任的50条建议：师德教育感动读本（《中国教育报》专题推荐）	9787515305752	23.00
爱·上课（李希贵、窦桂梅推荐，教育界真实版《麦田里的守望者》）	9787500693383	23.00
爱·读书（李希贵、窦桂梅推荐，中国版《窗边的小豆豆》，诠释中国教师《爱的教育》）	9787500693918	25.00
凭什么让学生服你（增订版）	9787500675204	26.00
别和青春期的孩子较劲（增订版）（入选《中国教育报》"2009年影响教师的100本书"）	9787500676232	28.00
教师、学生和家长焦点难题解决方案（升级版）（入选《中国教育报》"2011年影响教师的100本书"）	9787500672906	35.60
培养高情商学生的7堂必修课（新版）	9787500686088	28.00
"新教育实验基地"系列		
让学生爱上学习的165个课堂游戏	9787515319032	39.00
设计和管理最优班级实用手册	9787515317731	49.00
杰出青少年构建内心世界的5个坐标（中国青少年成长公开课）	9787515314952	59.00
88种美国中小学经典课堂教学活动	9787515314419	32.00
老师没讲的24件事（引爆千万人感动、教育界深思的励志佳作）	9787500698418	19.00
每天10分钟，发现孩子的6项潜能	9787500679905	24.80
跳出教育的盒子：从优秀到卓越教师的成功策略（美国中小学教学经典畅销书）	9787500689508	35.00
杰出青少年的7个习惯（精英版）（中小学图书馆推荐书目、中国青少年必读书目）	9787500649083	28.00
杰出青少年的6个决定（领袖版）（中小学图书馆推荐书目、中国青少年必读书目、全国优秀出版物奖）	9787500672241	28.00
打开生命的16封信：生命教育经典范本	9787500699408	21.50
如何成为尖子生（新版）（事半功倍的高效学习方法，3小时成为学习高手）	9787500668596	23.00
学习之道：美国公认学习第一书	9787500679240	28.00
躺着，也能学好数学	9787500688556	27.00
英美中小学都在玩儿的数学游戏：多少只袜子是一双	9787500688884	25.80
小偷也要懂牛顿	9787500688020	20.00

书名	书号	定价
“教师专业成长”系列		
师范学院学不到的（新版）	9787500679455	28.00
名师谈阅读教写作：真正思考语文课的终极目标问题	9787500692966	29.00
高效能教师的9个习惯（教师职业成长“圣经”）	9787500699316	23.00
教师职业的9个角色（白金版）（美国国家教育学会教师教育委员会、哥伦比亚大学教育学院推荐书目）	9787500681014	23.80
教师健康的38个细节	9787500673033	22.00
给年轻老师的信（真希望我年轻时就懂的道理）	9787500696834	23.00
年轻教师的五项修炼	9787500694304	23.00
是什么让教师不断进步（升级版）（入选《中国教育报》“2011年影响教师的100本书”）	9787500672401	23.80
班主任一定要面对的9个问题（新版）	9787500672937	22.00
教师应该做到的和能够做到的（白金版）（美国中小学教师指定培训教材）	9787500669401	33.00
教师一定要思考的四个问题：今天，我们怎样做教师（增订版）	9787500668565	27.90
教师压力管理的10堂课（第一本全面关注教师工作和生活压力的书）	9787500686569	20.00
如何成为优秀教师：英美教师职业成长“圣经”	9787500672920	26.00
中小学心理教师的10项修炼	9787515309347	36.00
“一本书读懂世界教育家”系列		
和优秀教师一起读卢梭	9787500698326	23.00
和优秀教师一起读福禄培尔	9787500698807	23.00
和优秀教师一起读蒙台梭利	9787500698333	23.00
和优秀教师一起读杜威	9787500699071	27.00
和优秀教师一起读马卡连柯	9787500698609	27.00
和优秀教师一起读苏霍姆林斯基	9787500698401	27.00
“优秀校长之道”系列		
校长时间管理的9项策略	9787500695851	23.00
20位美国优秀校长如何创建好学校	9787500695707	23.00

书名	书号	定价
创新型学校：给学校管理者的9个策略（入选《中国教育报》2010年和2011年“影响教师的100本书”）	9787500693628	23.00
如何调动和激励教师（增订版）（入选《中国教育报》2009年和2011年“影响教师的100本书”）	9787500673828	29.00
给校长的127条建议（入选《中国教育报》2010年和2011年“影响教师的100本书”）	9787500694779	23.00
优秀校长一定要做的18件事（入选《中国教育报》“2009年影响教师的100本书”）	9787500673835	26.00
如何提升学校的内力（升级版）	9787500672159	21.80
校长在塑造学校文化中的角色	9787500672142	17.80
优秀小学校长一定要知道的30件事	9787500674115	19.00
“中小学教师学科必备”系列		
优秀小学语文教师一定要知道的7件事（窦桂梅畅销作品）	9787500674139	23.80
优秀小学数学教师一定要知道的7件事	9787500675181	19.00
优秀小学班主任一定要知道的8件事	9787500676607	16.00
优秀中学班主任一定要知道的12件事	9787500674108	18.00
优秀高中语文教师一定要知道的11件事	9787500675730	28.80
优秀高三英语教师一定要知道的12件事	9787500675297	23.00
优秀中学历史教师一定要知道的10件事	9787500675198	20.00
教师延伸悦读		
高效能人士的七个习惯（全球头号畅销书）	9787500649038	49.00
首先，打破一切常规（盖洛普管理经典系列）	9787500647508	48.00
盖洛普优势识别器2.0：《现在，发现你的优势》（升级版）	9787515308036	68.00
夏烈教授给高中生的19场讲座（入选《中国教育报》“2013年最受教师欢迎的100本书”）	9787515318813	29.90
史上最简单的问题解决手册——高效能人士做决定的51个思考模型	9787515310961	28.00

《美国中小学生社会技能课程与活动》系列丛书

【美】露丝·韦尔特曼·贝古恩
出版时间：2014年8月
出版社：中国青年出版社

《美国中小学生社会技能课程与活动》
（学前阶段）
ISBN：9787515322537
定价：36.00元

《美国中小学生社会技能课程与活动》
（1-3年级）
ISBN：9787515325149
定价：39.00元

《美国中小学生社会技能课程与活动》
（4-6年级）
ISBN：9787515324807
定价：39.90元

《美国中小学生社会技能课程与活动》
（7-12年级）
ISBN：9787515323701
定价：38.90元

献给所有的父母和教师，你们将接受挑战，互相帮助，培养出成熟、健康、稳重、有责任心以及对社会有用的公民。